Franz Felix Betschon  *Entscheide schnell!*

Franz Felix Betschon

# Entscheide schnell!

## Militärische Führungslehre für den Unternehmensalltag

**orell füssli** Verlag AG

© 2004 Orell Füssli Verlag AG, Zürich
www.ofv.ch
Alle Rechte vorbehalten

Umschlagabbildung: gettyimages (Anthony Marsland)
Umschlaggestaltung: cosmic Werbeagentur, Bern
Druck: fgb • freiburger graphische betriebe, Freiburg i. Brsg.
Printed in Germany

ISBN 3-280-05089-8

---

**Bibliografische Information der Deutschen Bibliothek:**
Die Deutsche Bibliothek verzeichnet diese Publikation in der
Deutschen Nationalbibliografie; detaillierte bibliografische
Daten sind im Internet über *http://dnb.ddb.de* abrufbar.

# Inhalt

Vorwort von Korpskommandant
Christophe Keckeis .............................. 9

1. **Einleitung** ................................... 13

2. **Alle reden von Strategie –
   was steckt dahinter?** ........................ 17
   2.1 Ausgangslage ................................ 17
   2.2 Begriffsdefinitionen ........................ 18
   2.3 Die fünf strategischen Ressourcen ............ 22
   2.4 Teilstrategien und Operationen ............... 23

3. **Von der Vision über die Strategie
   zur Aktion** .................................. 25
   3.1 Der Strategieprozess ......................... 25
   3.2 Die Drei-Vektoren-Strategie .................. 29
   3.3 Warum diese Strategie? ....................... 32
   3.4 Die strategische Weiterentwicklung ........... 34
   3.5 Welchen Kriterien muss eine gute Strategie
       genügen? ..................................... 36
   3.6 Und jetzt? ................................... 40

| 4. | **Führungsrhythmus und Führungsstufen** ... 43 |
|---|---|
| 4.1 | Führungsrhythmus ... 43 |
| 4.2 | Führungsstufen und Hierarchiestufen ... 44 |

| 5. | **Führungsgrundsätze** ... 49 |
|---|---|
| 5.1. | Acht Führungsgrundsätze ... 49 |
| 5.2 | Führen heißt nicht nur Aufträge erteilen ... 55 |
| 5.3 | Die Bedeutung einheitlicher Werte und Regeln ... 56 |
| 5.4 | Der Chef ... 57 |

| 6. | **Unternehmenskultur** ... 61 |
|---|---|
| 6.1 | Was heißt Unternehmenskultur? ... 61 |
| 6.2 | Kann Unternehmenskultur gemessen werden? .. 62 |

| 7. | **Der Zusammenhang zwischen Strategie und Unternehmenskultur** ... 67 |
|---|---|

| 8. | **Wertvorstellungen** ... 71 |
|---|---|
| 8.1 | Unsere Wertvorstellungen ... 71 |
| 8.2 | Die Wertvorstellungen der Wanderer-Werke ... 74 |

| 9. | **Zur Führungs- und Strategielehre – eine Nachlese** ... 77 |
|---|---|
| 9.1 | West Point ... 77 |
| 9.2 | Vom Denken in militärischen Kategorien ... 79 |
| 9.3 | Casestudies und Computersimulationen als Ausbildungshilfen ... 82 |
| 9.4 | Der COO ... 84 |

| | | |
|---|---|---|
| 10. | Die Führungslehre des Divisionärs | 85 |

| | | |
|---|---|---|
| 11. | Das Antwortverhalten oder: Der schwere Weg zur Durchsetzung der 48-Stundenregel | 91 |
| 11.1 | Antworten zum Ersten | 91 |
| 11.2 | Apropos: Antwortzeiten zum Zweiten | 93 |

| | | |
|---|---|---|
| 12. | Der Unternehmensaufbau | 95 |
| 12.1 | Die Organisation | 95 |
| 12.2 | Die Hierarchie | 97 |

| | | |
|---|---|---|
| 13. | Wissensmanagement | 101 |

| | | |
|---|---|---|
| 14. | Führungsalltag | 105 |
| 14.1 | Vom Zuhören | 105 |
| 14.2 | Das Risiko, der Zwillingsbruder der Chance | 107 |
| 14.3 | Apropos: Disziplin | 108 |
| 14.4 | Muss nach einer Fusion alles gleich sein? | 109 |
| 14.5 | Management by walking around | 110 |
| 14.6 | Der umfunktionierte Chef | 113 |
| 14.7 | Motoren | 114 |
| 14.8 | Teamarbeit | 116 |
| 14.9 | Wenn Sand im Getriebe ist | 118 |
| 14.10 | Das System austricksen | 119 |
| 14.11 | Entscheide schnell! | 120 |

| | | |
|---|---|---|
| 15. | Das Unmögliche möglich machen oder: Vom Schießen auf bewegliche Ziele | 123 |

| | | |
|---|---|---|
| **16.** | **Wir sind alle «Ausländer»** .................. | 127 |
| **17.** | **Interkulturelle Kompetenz** ................ | 131 |
| 17.1 | Das Problem des Verständnisses ............... | 131 |
| 17.2 | Verhandlung führen in Asien I ................ | 133 |
| 17.3 | Verhandlung führen in Asien II ............... | 136 |
| **18.** | **Von Erledigern und Liegenlassern** ......... | 141 |
| **19.** | **Veränderungsmanagement kontra Krisenmanagement** ....................... | 145 |
| 19.1 | Führen in Veränderungssituationen .......... | 145 |
| 19.2 | Klassische Veränderungssituationen .......... | 146 |
| 19.3 | Innere und äußere Krisen .................... | 149 |
| **20.** | **Jetzt reichts Freunde!** ...................... | 153 |
| **21.** | **Anhang** ....................................... | 155 |
| | Zwei ungleiche Brüder ..................... | 155 |
| | Chronik ................................... | 159 |
| | Bibliografie ............................... | 168 |

# Vorwort

*von Korpskommandant Christophe Keckeis,*
*Chef der Schweizer Armee*

Die Diskussion, ob, wie weit und in welcher Form militärische Führungsgrundsätze auch außerhalb der Armee ihre Berechtigung haben, wird immer wieder geführt. Die Meinungen dazu sind oft geteilt. Dort, wo diese Prinzipien im zivilen und privatwirtschaftlichen Umfeld Beachtung finden, haben sie meist auch «konjunkturelle Schwankungen» durchlebt. Gerade die letzten Jahre haben gezeigt, dass wichtige Grundsätze scheinbar in Vergessenheit geraten sind. Sie wurden der Moderne, manchmal einer grenzenlosen Wachstumseuphorie und teilweise auch dem Zeitgeist geopfert.

Ich nehme nun aber mit Genugtuung wahr, dass sich diese Einschätzung zu ändern beginnt. Es wird offenbar erkannt, dass Führungsgrundsätze nichts Unverrückbares sind, sondern neben dem zeitlos Gültigen auch dynamische Elemente enthalten. Dabei trifft es zu, dass gelegentlich neuen Begriffen der Vorzug gegeben wird. Entscheidend sind aber stets die Inhalte, und diese haben sich in der Substanz oft nicht oder nur wenig verändert. Die Tatsache, dass auch in der Privatwirtschaft wieder vermehrt von solchen bewährten militärischen Führungsprinzipien gesprochen wird, scheint deren breiten Geltungsbereich zu unterstreichen.

Ursprünglich militärische Begriffe wie *Strategie, Operationen* oder *Operative Führung* haben längst ihren Platz in der zivilen Welt gefunden. Andere werden wieder entdeckt. So bleibt eine Orientierung im Sinne des militärischen Befehlsrhythmus (Worum geht es?) letztlich eine Orientierung, auch wenn diese heute vielleicht als *Ausgangslage,* als *Information der Belegschaft* oder als *Kommunikation an die Öffentlichkeit* bezeichnet wird. Es ist offensichtlich, dass auch ein Unternehmer seine Absichten zu formulieren *(Vision, Zielsetzung),* eine *Auftragsanalyse* vorzunehmen oder Aufträge *(Operationsplan)* zu erteilen hat. Der Führungsgrundsatz «Nur das Einfache hat Aussicht auf Erfolg» der Firma StarragHeckert erinnert stark an die *Einfachheit der Aktion* aus der militärischen Truppenführung. Der Geist der Truppe wird zur *Unternehmenskultur,* der Truppenbesuch zum *management by walking around.*

Bei der Betrachtung von Gemeinsamkeiten zwischen Führungsgrundsätzen in der Armee und in der Privatwirtschaft wird aber auch etwas anderes immer wieder deutlich. *Charakter* und *Charisma* der Vorgesetzten und deren Führungspersönlichkeit sind es, die für eine erfolgreiche Anwendung der Führungsgrundsätze und damit für das Funktionieren der Organisationen maßgebend sind.

Das vorliegende Buch von Franz Betschon weist trotz vordergründiger Nüchternheit bei näherem Hinsehen entwaffnend, mit der notwendigen Tiefenschärfe und zudem kurzweilig geschrieben auf viele solcher und ähnlicher

Gemeinsamkeiten zwischen militärischen und zivilen Führungsgrundsätzen hin.

Ich wünsche der Privatwirtschaft und der Armee, dass sie weiterhin in einem intensiven Dialog bleiben und sich kritisch über Gemeinsamkeiten, aber auch Unterschiede in ihren Führungsgrundsätzen austauschen. Mit Sicherheit ist der Nutzen gegenseitig.

# 1. Einleitung

«Wie geblasen, so geritten!», lautete ein Einsatzgrundsatz der alten Reitertruppe, der Kavallerie, einer Truppe mit ausgeprägtem Korpsgeist. Von Korpsgeist oder, wie es in der Wirtschaft heißt, Firmenkultur und Einsatzgrundsätzen handelt auch dieses Buch.

Es beschäftigt sich zum einen mit der Frage, inwieweit militärische Führungsgrundsätze im zivilen Wirtschaftsleben zur Anwendung kommen können. In den letzten einhundert Jahren hat sich die militärische Führungspraxis stark weiterentwickelt. Sie bewegte sich weg vom Kadavergehorsam und hin zu modernen, dynamischen, entscheidungsstarken Systemen, die sich auf sich rapid verändernde Situationen schnell einstellen können. Sie haben zum wirtschaftlichen und politischen Erfolg der westlichen Demokratien entscheidend beigetragen. Die moderne Militärführung sucht nicht den Krieg, sondern setzt ihre strategischen und taktischen Mittel zu seiner Vermeidung ein. Der Verfasser ist davon überzeugt, dass auch die Wirtschaft von der militärischen Erfahrung etwas lernen kann.

Diese grundsätzliche Frage spiegelt sich auch im zweiten Themenschwerpunkt: Wie kann die Fusion zweier nach Herkunft und Firmenkultur unterschiedlicher Unternehmen erfolgreich bewältigt werden? Viele Fusionen der letzten Jahre zeigen, dass nicht immer zusammenkommt, was zusammengefügt wurde. Dies soll aber nicht abstrakt verhandelt werden, sondern aus guten Gründen konkret:

Als Mitte 1998 die Verantwortlichen der Starrag aus Rorschacherberg (Schweiz) und der Heckert Werkzeugmaschinen GmbH aus Chemnitz (Deutschland) beschlossen, ihre Unternehmen zusammenzulegen, konnten die Firmenkulturen nicht unterschiedlicher sein. Auf der einen Seite ein klassischer, ostschweizerischer Maschinenbauer, der sich jahrzehntelang selber gut genug war und trotzdem Weltruf genoss, auf der anderen ein fast gleich großer Partner, domiziliert in einer der traditionsreichsten Maschinenbaugegenden der Welt, in Sachsen, einst mehr als zehnmal größer als die Schweizer, aber geprägt von vierzig Jahren Planwirtschaft und abgeschnitten von dem, was man damals «den Westen» nannte.

Beide Unternehmen hatten eine mehr als hundertjährige Geschichte, aber was heißt das schon in unserer schnelllebigen Zeit. Andererseits bestanden beide Firmen aus Menschen, Menschen mit erstklassigen beruflichen Fähigkeiten und gleichen Vorstellungen von Technik, Menschen, die nichts anderes wollten als arbeiten, Erfolg haben und Anerkennung gewinnen, aber auch aus Menschen, die, geschichtlich bedingt, durch sehr unterschiedliche Emotionen gesteuert wurden.

Auch der unterschiedliche Gebrauch der deutschen Sprache in der Schweiz und in Deutschland durfte nicht unterschätzt werden, denn sie ist letztlich das Kommunikationsmittel erster Güte, und Kommunikation ist alles.

Zusammengefasst also: Hier ging es um das Zusammenlegen zweier Unternehmen mit verschiedenem kulturellen und politischen Hintergrund, wie er unterschiedlicher auf den ersten Blick nicht sein konnte.

Allen Beteiligten war bekannt, dass Misserfolge bei Firmenzusammenschlüssen eher die Regel als die Ausnahme sind, und insbesondere die Geschichte der Integration der Werkzeugmaschinenindustrie der neuen Bundesländer in die Weltwirtschaft war diesbezüglich kein Ruhmesblatt. Wenn wissenschaftliche Untersuchungen davon ausgehen, dass rund 70 Prozent aller Fusionen nicht von Erfolg gekrönt sind, zeigt sich schon in dieser Zahl der Grad an Verantwortung, den die Entscheidungsträger da auf sich genommen hatten.

Bei den Firmen Starrag und Heckert wurde 1998 sichtbar, dass die Produkte und Marktsegmente beider Häuser fast keine Überschneidungen aufwiesen. Deshalb bestand die ursprüngliche Absicht gar nicht darin, die beiden Partner zu fusionieren, sondern vielmehr, mittels minimaler Koordination nebeneinander zu entwickeln.

Bereits auf den zweiten Blick jedoch zeigte sich, dass in der Substanz von Starrag und Heckert enorme Chancen steckten, wenn sie nur klug zusammengefasst würden, sodass wir uns entschlossen, die Verschmelzung einzuleiten, Schritt für Schritt zwar, aber konsequent.

Wie aus Starrag und Heckert StarragHeckert wurde, ist die praktische Versinnbildlichung des sonst häufig abstrakt behandelten Problems: die erfolgreiche Verschmelzung zweier Unternehmenskulturen. Die Lösung dieses Problems soll am praktischen Beispiel gezeigt werden.

Was Sie aber in diesem Buch sicher nicht antreffen werden: eine Anleitung zur Menschenführung. Wer das sucht, sollte sich mit der Maslow'schen Bedürfnispyramide und den 55 Möglichkeiten einer Sitzungsorganisation befassen, und das tut dieses Brevier nicht, abgesehen davon, dass es schon genug solcher Bücher gibt.

Dieser Band entstand zu wesentlichen Teilen aus «Briefen an die Führungskräfte», mit denen der Verfasser den Fusionsprozess beider Unternehmen begleitete. Die «Briefe» orientierten sich vorwiegend an täglichen Vorkommnissen, ihr Inhalt wurde durch zusätzliche, abrundende Aufsätze ergänzt. Insofern ist dieses Manuskript aus Fragmenten entstanden, und der Verfasser bittet um Nachsicht, wenn das eine oder andere Thema nicht ausreichend behandelt sein sollte.

Abschließend sei darauf hingewiesen, dass die hier durchgehend angewendete männliche Form aus Gründen der Einfachheit gewählt wurde. Selbstverständlich schließt sie auch weibliche Chefinnen, Untergebene oder Mitarbeiterinnen mit ein.

Rorschacherberg, im Mai 2004<br>
Franz Betschon

# 2. Alle reden von Strategie – was steckt dahinter?

## 2.1 Ausgangslage

Manchmal hat man den Eindruck, dass das Ziel jeder Managementlehre die programmierbare Unternehmensführung sei. Dabei kommt dem Wort «Strategie» eine magische Bedeutung zu.

Nun erweist es sich hingegen, dass trotz scheinbarer Programmierbarkeit und trotz umfangreicher Literatur über zugehörige Strategien kaum je in der Wirtschaftsgeschichte so viele Abstürze mit Totalschäden zu verzeichnen waren, wie in den letzten Jahren. Derzeit wird versucht, dieses Unfassbare zu erklären. Dass bereits wieder ein neues Zauberwort auftaucht, das der Corporate Governance, soll nicht Gegenstand dieses Buches sein.

Es ist eines der größten Probleme für Chefs von kleineren und mittleren Unternehmen (KMUs), aus der großen Zahl von Publikationen, Abhandlungen, Vorlesungen etc. zum Thema Unternehmensführung die Essenz herauszufinden, die im Führungsalltag wirklich weiterhilft. Der einfachste Weg aus diesem Dilemma besteht darin, die Theorie beiseite zu schieben und zu handeln. Viele KMUs sind auf diese Weise ebenso erfolgreich.

Der Verfasser hat Verständnis dafür, dass Unternehmensführung theoretisch durchdrungen werden muss, um sie didaktisch fassbar jungen Leuten nahe zu bringen. Man kann schließlich nicht jedem Studenten eine reale Unternehmung zur Verfügung stellen, um mit der Versuch-Irrtum-Methode das Handwerk zu lernen.

Der Verfasser hat außerdem hohen Respekt vor den vielen Erklärungsversuchen, Büchern und Studien. Nur eines herausgefunden hat er nicht: wie man damit, ohne große Stäbe und trotzdem fehlerfrei, ein Wirtschaftsunternehmen führen kann. Da aber viele Autoren so tun, als ob das so einfach ginge, schlage ich einen Deal vor: Ich ziehe meinen Hut vor der Wissenschaft, und diese gibt dafür zu, dass zwischen Theorie und Praxis ein viel größerer Unterschied besteht, als zwischen einem Simulator und einer realen Maschine.

Und: Unternehmensführer haben keine Zeit für die Theorie, sie führen den abenteuerlichen Kampf mit der Praxis. (Sie haben eigentlich auch keine Zeit zum Schreiben von Büchern wie diesem!)

## 2.2 Begriffsdefinitionen

Trotzdem versteckter Purist, hat der Verfasser zuallererst versucht herauszufinden, ob es eine allgemein anerkannte Definition für den Sachverhalt «Strategie» gibt. Ein klarer Begriff muss sich doch in wenigen Worten, in einem Satz, definieren lassen, zumal in der deutschen Sprache. Nur: Eine solche, allgemein anerkannte, eineindeutige (wie es der Mathematiker nennen würde) Definition gibt es nicht.

Vielleicht gilt auch hier das Sprichwort: «Wer Klarheit will, schafft Unruhe!» Das gleiche Problem tritt bei der Suche nach einer griffigen, kurzen Erklärung für «Marketing» auf.

Um dennoch die Brücke zwischen der Literatur und unserer Auffassung zu schlagen, sei hier eine etwas umfangreichere Literaturstelle zitiert:

«Die begrifflichen Ursprünge des strategischen Managements reichen relativ weit zurück. Während der Managementbegriff erstmalig in England im 19. Jahrhundert auftaucht und dort funktional oder rollenbezogen verwendet wird, lässt sich der Strategiebegriff etymologisch auf das Griechische zurückführen. Dort bezeichnet er die Kunst der Heerführung (stratos = Heer, agos = Führer). Carl v. Clausewitz reinterpretiert ihn im 19. Jahrhundert für die Militärwissenschaft und bezeichnet die Strategie als ‹Gebrauch des Gefechts zum Zwecke des Krieges›. Er zieht erste Parallelen zwischen Militär und Wirtschaft und öffnet damit der Übertragung militärischen Gedankenguts in die Ökonomie die Tür – eine Tendenz, die auch heute noch zu beobachten ist.» (Nach: Müller-Stewens, Lechner: «Strategisches Management», Schäffer-Poeschel Verlag Stuttgart)

Hier wird unter anderem auf eine Kernaussage auch dieses Buches eingegangen, nämlich dass alle Führungslehren stets grundsätzlich auf die militärische Erfahrung zurückgeführt werden können. Für die Kriegsführung wurde schon vor vielen Jahrhunderten ein großer Aufwand zur Präzisierung von Begriffen getrieben, der sich heute in der Wirtschaftsführung fortsetzt. Deshalb wollte man sich auch keine Begriffsverwirrungen leisten. In den klassischen Armeen des Westens hat sich durch ständigen intensiven Erfahrungsaustausch eine gemeinsam getragene Auffassung entwickelt, was unter den einzelnen Begriffen zu verstehen sei. So war es zum Beispiel möglich, mit wenigen (standardisierten) Worten oder Sätzen und einem Lageplan mit (standardisierten) Symbolen eine ganze Division oder Armee zum klassischen Einsatz zu bringen.

Inzwischen hat sich eine Reihe von ehemals rein militärischen Definitionen in der Managementlehre eingefunden:

**Beispiele für «zivilisierte» militärische Definitionen**

- Strategische (Unternehmens-)Führung:
  Sie umfasst die Gesamtheit der Operationen zum Erreichen der durch die Unternehmensleitung festgelegten Ziele resp. zur Verwirklichung der Vision.

- Operationen:
  Damit sind groß angelegte organisatorische Aktionen mit dem Ziel gemeint, günstige Bedingungen für den Wettbewerb zu schaffen und damit Chancen auszunützen.

- Operative Führung:
  Sie umfasst die Gesamtheit der Operationen der einzelnen Untereinheiten der Unternehmung zur Erreichung von Teilzielen.

- Taktik oder Tagesgeschäft:
  Damit ist die Führung des Wettbewerbs gemeint. Sie sucht Unterziele durch Zusammenwirken des Verbundes von Ressourcen zu erreichen.

- Taktische Führung oder Führung des Tagesgeschäftes:
  Sie umfasst die Gesamtheit der Handlungen der Organisationsstufe Abteilung oder tiefer.

In ihrer vollen Ausprägung setzt diese Mehrstufigkeit bereits eine bestimmte Unternehmensgröße voraus, eine Gruppe, die eventuell sogar aus mehreren juristischen Einheiten (Gruppenunternehmen) bestehen kann. Die meisten KMUs haben jedoch so wenige Mitarbeiter, dass die strategische und die operative oder die operative und taktische Stufe oder alle drei durchaus in Personalunion wahrgenommen werden können. Aber selbst in sehr kleinen Firmen sollte man diese Dreistufigkeit immer erkennen können.

Strategische Führung setzt vor allem eine besondere Eigenschaft voraus: Sie muss einfach formulierbar sein. Das ist leider nicht immer der Fall. Lothar Späth, der Vorstandsvorsitzende der Jenoptik, bemerkte einmal: «Ich habe den Verdacht, dass die meisten Strategien immer erst im Nachhinein entstehen. Dass man die Summe der richtigen Entscheidungen minus der falschen plus der Zufälligkeiten anschließend zur Strategie erklärt.»

## 2.3 Die fünf strategischen Ressourcen

Banal gesagt, geht es bei der Unternehmensführung stets darum, das Richtige richtig zu tun. Doch was ist das Richtige? Darauf hat offensichtlich die Strategie die Antwort zu geben. Damit sie dann richtig durchgeführt wird, sind die Fachleute aller Stufen da.

In diesem Zusammenhang geht es auch darum, die strategischen Ressourcen richtig, zielstrebig und im Gleichgewicht zu bewirtschaften.

**Die strategischen Ressourcen sind:**

- Zeit
- Menschen (Human Resources)
- Technologien
- Geld
- Informationen

Im betrieblichen Alltag haben sie vor allem eine auf den ersten Blick negative Eigenschaft: man hat stets zu wenig davon. Andererseits bieten sie aber die Möglichkeit, dass sie jeweils in eine andere Ressource umgewandelt werden können: Mit Geld lassen sich Technologien kaufen oder Zeit oder beides. Mit Menschen, Zeit und Geld können Technologien erarbeitet werden; die sinnvolle Verknüpfung von Technologien führt zu Produkten, und die zugehörigen Märkte sind letztlich nichts anderes als (Markt-)Informationen, die mit den anderen Ressourcen verknüpft werden.

## 2.4 Teilstrategien und Operationen

Grundsätzlich führt nur strategisch, wer über alle fünf strategischen Ressourcen verfügt. In der Wirtschaft sind dies die Unternehmensleitungen, denn direkt unterstellte Divisionen, Tochtergesellschaften etc. können in der Gesamtheit ihrer Operationen nur Teilstrategien verwirklichen.

Dieser Grundgedanke findet sich auch in der Politik. Dort führt im Idealfall die Regierung strategisch. Departemente (wie in der Schweiz) oder Ministerien (wie in Deutschland) sollen daraus Teilstrategien entwickeln. Die Verwendung der Worte «Strategie» oder «Teilstrategie» ist auf den unteren Hierarchieebenen ein Missbrauch. Diese Instanzen sollten ihre Zeit nicht mit «Strategieseminaren» vergeuden. Obwohl sie die übergeordnete Strategie oder allenfalls die Teilstrategie verstehen müssen, sollten sie sich auf die Instrumente der Operationsführung konzentrieren.

In vielen Organisationen, unabhängig, ob sie politische oder wirtschaftliche Institutionen sind, ist die Operationsführung mindestens ebenso unterentwickelt wie die strategische. Es ist ja gerade das Elend vieler nachgeordneter Ebenen, dass sich auf ihnen eher «Oberobersachbearbeiter» (siehe Seiten 44 ff. und 97 ff.) an Stelle von kreativen Um- und Durchsetzern tummeln.

Im exekutiven Teil eines Unternehmens hat sich für den militärischen Begriff der Operation derjenige des «Projektes» durchgesetzt. In unserem Sinne sind Projekte beispielsweise Dinge wie

- die Entwicklung eines neuen Produktes,
- die Erschließung eines neuen Marktes,
- die Einführung neuer Organisationen oder
- die Implementierung neuer EDV-Systeme.

Dies alles sind interdisziplinäre Vorhaben, die über das Tagesgeschäft hinausgehen und die Fachabteilungen überspannen. Das klassische Instrument der Operationsführung ist das Projektmanagementsystem.

# 3. Von der Vision über die Strategie zur Aktion

## 3.1 Der Strategieprozess

Das Richtige richtig tun, setzt voraus, dass man nicht nur das, was man tut, fachmännisch effizient erledigt, sondern dass alles auch stets vorwärts schreitend, planvoll auf ein gestecktes Ziel hin orientiert, geschieht. Dafür zu sorgen, dass die Unternehmung als Gesamtes das Richtige tut, ist wichtigste Aufgabe der strategischen Unternehmensführung, das heißt, des Aufsichts- oder Verwaltungsrates und der Gruppenleitung. Diese Aufgabe kann nie an Dritte, etwa an eine Beratungsfirma, delegiert werden.

Beim Strategieprozess geht es zunächst um die Ausgangslage, also um die genaue Kenntnis des Ausgangspunktes für die Firma, von dem aus sie die Reise in die Zukunft startet. Die Instrumente dazu sind zunächst alle betriebswirtschaftlichen Managementinformationen, die standardisiert aufbereitet werden, aber auch alle Umweltdaten, etwa über Technologieentwicklungen, die Konkurrenz etc.

Die *Vision,* das ist der Traum von der Zukunft, der Traum vom Endzustand, den wir erreichen wollen, ohne zunächst begründen zu können, wie und wieso. Sie muss in wenigen prägnanten Sätzen formuliert werden können, einfach aber vollständig.

Sir John Harvey-Jones, der ehemalige Chairman der ICI, London, und Professor Fred Neubauer, emeritierter Professor des IMD, Lausanne, haben das Wesen einer Vision treffend herausgearbeitet. Sir John Harvey-Jones meinte: «Was macht eine gute Vision aus?
- Sie inspiriert,
- sie fasziniert

die Herzen und Köpfe der Leute, die sie umsetzen müssen.»

Und Professor Neubauer ergänzte: «Das, von dem Sie möchten, dass man so in fünf Jahren in Business-Zeitschriften über Ihre Firma berichtet, ist Ihre Vision.»

Aus dieser Grundanforderung können wir wesentliche Eigenschaften einer Vision ableiten:

**Eine Vision sollte so beschaffen sein:**

- Sie ist kurz, einfach und griffig formuliert, damit sie klar kommuniziert werden kann.
- Sie ist einprägsam.
- Sie beschreibt einen Endzustand, der besser ist als die Ausgangslage.
- Sie ist so vollständig, dass sie alle Elemente enthält, die in Zukunft wichtig sein können. Sie muss also Aufschluss geben, wie wir uns bezüglich den Stakeholdern (Kunden, Geldgebern, Öffentlichkeit, Mitarbeitern und sonstigen Partnern) positionieren wollen.
- Sie enthält Benchmarks (Messpunkte), anhand derer die Zielannäherung beurteilt werden kann.
- Sie begeistert.

Der Weg, der am sinnvollsten vom Ausgangspunkt zum Ziel führt, das heißt zur Erfüllung der Vision, ist, wie im vorigen Kapitel gezeigt wurde, die Strategie. Auch sie muss einfach formulierbar sein.

Vision und Strategien sind innerbetrieblich ein öffentliches Thema und nicht etwa geheime Planspiele im Hinterzimmer. Die Ausgangslage, die Vision und die gewählte Strategie müssen allen Mitarbeitern bekannt und klar sein, damit sie alle ihre Aktionen darauf ausrichten können oder, *damit alle das Richtige tun.*

Das hat einen guten Grund: Die Belegschaft wie auch die Kapitalgeber sollten wissen, wohin die Reise geht. Und: Jedermann kann das Unternehmen an seinen Zielen messen. Niemand sollte auf die Idee kommen, diese leichtfertig zu ändern.

Firmenleitungen, die alle paar Monate einen radikalen Strategiewechsel verkünden und dabei glauben, niemand merke die Widersprüchlichkeiten, irritieren Kapitalgeber wie Mitarbeiter und führen ein Unternehmen in die Krise.

Die Strategie ist das eine, ihre Verwirklichung das andere. Die Aktionen dazu (oder die Gesamtheit der dazu notwendigen Operationen), also die Umsetzung der Strategie, sind der schwierigste Teil. Sie setzen große Fachkenntnisse auf allen Stufen voraus, eben, damit das Richtige richtig getan wird.

Für die Zusammenführung zweier so unterschiedlicher Unternehmen wie Starrag und Heckert hatte die Formulierung einer gemeinsamen Vision eine besondere Bedeutung, denn sie sollte ein gemeinsames Ziel für alle beschreiben, für das Gesamtunternehmen wie für alle Beschäftigten.

**Unsere Vision**

Die erste Vision von StarragHeckert wurde im Jahre 1999 erarbeitet. Die sich überstürzenden Ereignisse, insbesondere seit dem Jahr 2002, machten im Februar 2004 eine Überprüfung nötig. Die Reaktion auf eine neue, grundsätzliche Lagebeurteilung machte nur wenige, dafür aber markante Präzisierungen nötig. Heute lautet die Vision von StarragHeckert.

StarragHeckert ...

... ist eine erste Adresse im Bereich der Produktionstechnologie.

\*\*\*

... verfügt über überlegenes Technologie-Know-how, herausragende Kenntnisse der Absatzmärkte und kostengünstige Wertschöpfungsketten.

\*\*\*

... ist ein weltweit operierendes Systemhaus mit Schwergewicht Europa und Asien.

\*\*\*

... konzipiert, baut und vertreibt Produkte mit hohem Kundennutzen allein oder mit Partnerunternehmen. Dabei steht stets die Kontrolle

> der nötigen Kernkompetenzen und Märkte im Vordergrund.
>
> \*\*\*
>
> ... unterstützt die Kunden durch ein umfassendes Dienstleistungsangebot.
>
> \*\*\*
>
> Ziel ist die Beibehaltung der Highend-Position und deren Absicherung durch Angebote mit möglichst günstigem Preis-Leistungs-Verhältnis.
>
> \*\*\*
>
> Der Ertrag stellt eine angemessene Verzinsung des eingesetzten Kapitals sicher.
>
> \*\*\*
>
> Für Mitarbeiter ist StarragHeckert ein begehrter Arbeitgeber.

Dazu formulierten wir die zugehörenden quantifizierten Ziele in Bezug auf Umsatz, Rentabilität und Zeitrahmen.

## 3.2 Die Drei-Vektoren-Strategie

Eine wichtige Rolle in unserer Strategiedefinition spielen die stärkere Kundenorientierung des Unternehmens und die daraus resultierenden Konsequenzen. Im Sinne einer Vorwärtsintegration bewegen wir uns weiter in Richtung Kunde. Vorwärtsintegration heißt hier, dass in die Gesamtwertschöpfungskette frühe Glieder an Unterlieferanten ausgelagert werden (Reduktion der Fertigungstiefe), dafür aber (Dienst- und Software-)Leistungen hinzukommen, die bis dahin der Kunde selbst erbracht hatte, obwohl sie nicht zu seinem Kerngeschäft gehörten.

Dadurch kommt der Gedanke der Vorwärtsintegration auch beim Kunden zum Tragen. Und zwangsläufig verändert sich damit das Bild des früheren klassischen Maschinenbauers mit großer Geschwindigkeit hin zu einem Technologiedienstleister.

Unsere Strategie lässt sich mit drei Vektoren bildlich darstellen, die die wichtigsten Teilstrategien herausarbeiten:

**Vektor 1: Kerngeschäft**

- Dies ist der klassische Teil des Geschäfts. Er beruht bis auf weiteres im Wesentlichen auf der Frästechnologie (Kerngeschäft) und besteht derzeit aus den beiden Maschinenfabriken in Chemnitz und Rorschacherberg. Eine Expansion auf diesem Ast durch Akquisition bleibt weiterhin

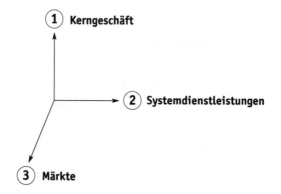

eine Option, aber ohne Priorität. Die Hauptanstrengungen liegen auf Effizienzsteigerungen, höherer Maschinenintelligenz und Innovation neuer Produkte mit signifikant besserem Preis-Leistungs-Verhältnis.

**Vektor 2: Systemdienstleistungen**

- Technologiedienstleistungen
Schon heute weist unser Unternehmen in Rorschacherberg einen Anteil von 30 Prozent am Gesamtumsatz auf, Chemnitz knapp 12 Prozent (Branchendurchschnitt in Deutschland: 14 Prozent). Mit diesen Leistungspaketen kann dem Preiskampf im klassischen Kerngeschäft (Vektor 1) ausgewichen werden, da hier die Margen erheblich größer sind. Durch konsequentes Anbieten von Systems-Engineering und entsprechende Aufträge ist StarragHeckert mittlerweile in die Kategorie der Systemhäuser aufgestiegen. An sich sind alle StarragHeckert-Bearbeitungszentren bereits Systeme und nicht mehr nur Standalone-/Standardmaschinen. Akquisitionen auf diesem Ast haben bereits eine höhere Priorität.

- Weitere Dienstleistungen
Ersatzteile, Unterhaltsarbeiten, Serviceverträge, Ausbildungspakete, Softwarepakete, komplexe Lohnarbeiten, Lieferung von Komponenten an Dritte (Motorspindeln) sowie von Werkzeugen.
- Verkauf von hochwertigen Produktionsleistungen an Dritte.

**Vektor 3: Märkte**

- Durch eine intensive nachrichtendienstliche Überwachung kritischer Märkte sind wir in der Lage, Veränderungen frühzeitig zu erkennen und mit flexiblem Mitteleinsatz sofort aufbauende Chancen in Erfolge umzumünzen (Man beachte die Parallelen zum militärischen Nachrichtendienst!).

### 3.3 Warum diese Strategie?

Schon hinter der Begründung für den Zusammenschluss von Starrag und Heckert im Jahre 1998 stand die Überzeugung, dass die bisherige Nischenstrategie von Starrag wenig sinnvoll und daher eine Öffnung nötig war. Ich halte Nischenstrategien grundsätzlich nur für eine Notlösung, dann nämlich, wenn eine Marktführerschaft, zum Beispiel aus finanziellen Gründen, unerreichbar ist. Auch vornehme Begründungen («small is beautiful») können dies nicht kaschieren.

Unternehmen in stark zyklischen Märkten mit Nischenstrategien geraten regelmäßig in existenzbedrohende Krisen, wenn sich in Wellentälern die «Großen» wieder für die Nischen interessieren und dann natürlich mehr Kraft entfalten können. So geschehen gerade wieder im Jahre 2003, als sich der Werkzeugmaschinenzyklus einmal mehr von seiner unangenehmen Seite zeigte.

Als wir im Jahre 1999 die erste Drei-Vektoren-Strategie entwickelten, standen wir unter dem Eindruck von interessanten Diversifikationsstrategien von Wettbewerbern, Strategien, die diese Unternehmen klar aus ihrem Kerngeschäft herausführten.

Der Zusammenschluss von Starrag und Heckert war keine Diversifikation. Es war ein *merger amongst equals,* eine Fusion von Unternehmen ähnlicher Größe mit gleichem Kerngeschäft (horizontale Fräsbearbeitungszentren), aber mit unterschiedlichen, sich ergänzenden Märkten.

Da die Börse (StarragHeckert ist dort seit 1998 Teilnehmer) diese Diversifikationsstrategien mit beträchtlichen Kursgewinnen honorierte, fragten wir uns natürlich, ob wir etwas falsch machen würden oder ob wir irgendetwas Wesentliches nicht begriffen hätten.

Wir untersuchten nochmals die Potenziale unserer Märkte und prüften auch, ob im Bereich unserer Technologien neu auftretende «Killertechnologien» sichtbar wären, das heißt solche, welche für die Lösung eines Bearbeitungsproblems besser geeignet sein könnten als unsere Frästechnologie. Es zeigte sich, dass die Märkte weiterhin überdurchschnittlich wachsen würden und die Frästechnologie im Gegenteil als Killertechnologie für andere Verfahren zu gelten hat. Wir entschlossen uns daher, den anderen Firmen nicht nachzueifern, sondern im Gegenteil bei «unserem Leisten» zu bleiben (Vektor 1).

In Vektor 2 bemühen wir uns, immer mehr zu einer IP-Company (IP = Intellectual Property) zu werden, zu einer Firma mit Schlüsseltechnologien, die hohe Eintrittsbarrieren für Nachahmer aufweisen. «Technologiekonzern» möchten wir uns ausdrücklich nicht nennen, da diese Bezeichnung bereits, und fast systematisch, von Unternehmen besetzt wird, die offensichtlich keine klare Fokussierung mehr besitzen.

## 3.4 Die strategische Weiterentwicklung

Eine Strategie muss eine langfristige Angelegenheit sein. Sie muss den nachfolgenden operativen und taktischen Führungsstufen genügend Zeit zur Umsetzung und zur Wirkungsentfaltung lassen. Idealerweise sollte sie nicht durch Branchen- oder andere Zyklen bestimmt werden dürfen, obwohl dies gerade derzeit schneller gesagt als getan ist. Um Auswirkungen zuverlässig feststellen zu können, muss die Gültigkeitsdauer sicher viel größer sein als die zugehörigen Produktentwicklungs- und Markterschließungszeiten.

Die Zeit für die Erarbeitung muss signifikant kürzer sein als die deren Umsetzung, sonst verliert dieser Prozess an Dynamik. Das Management darf nicht durch Zaudern oder Ungenauigkeiten die Zeit der Untergebenen verschwenden. Die nämlich dürfen nicht das Gefühl haben, sie seien die «Letzten, welche die Hunde beißen».

Eine gute Strategie sollte alle fünf bis zehn Jahre grundsätzlich in Frage gestellt werden. Dennoch muss sie periodisch, vielleicht alle zwei Jahre, überprüft werden und zwar dahingehend, ob sich Grundannahmen geändert haben, neue Chancen aufgetaucht und die quantifizierten Ziele in die Nähe gerückt sind.

So ergibt sich eine dauernde Fortentwicklung. Die Umsetzung jeder Strategie beinhaltet Operationen mit schwierigen Startphasen, Perioden, während der diese sich voll entwickeln, und schließlich solche, während welcher sie sich totzulaufen drohen. Es gehört mit zur Kunst der strategischen Führung, die Umkehrpunkte zu erfassen, wo neue Impulse nötig sind und die Einleitung einer Folgeoperation notwendig wird.

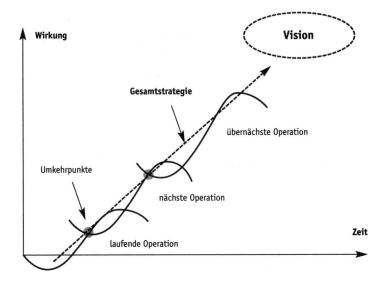

Man muss also gelegentlich den Mut haben, «das Fest zu verlassen, wenn es am schönsten ist».

Erfolgt diese Weiterentwicklung gekonnt, so erscheint sie für den Außenstehenden wie «aus einem Guss». Die Führungsanordnungen erfolgen rhythmisch, und die Strukturen werden nie überfordert.

## 3.5 Welchen Kriterien muss eine gute Strategie genügen?

Die Güte einer Strategie lässt sich am besten beurteilen, wenn die Operationen, welche zur Umsetzung notwendig sind, der Beurteilung anhand bestimmter Kriterien genügen. Gerade hier werden viele Strategiekriterien von wirtschaftlichen und militärischen Strategien deckungsgleich. Sie sollen deshalb ausführlich dargestellt werden. Anregungen für Formulierungen habe ich in den Unterlagen der Schweizer Truppenführung 95 (TF 95) gefunden, auf die ich beim Aufräumen alter militärischer Reglemente stieß (siehe auch Seite 56f.).

**Gewinnen von Marktanteilen**

Endziel jeder Operation ist, direkt oder indirekt, der Gewinn von Marktanteilen und die Ausschaltung des Wettbewerbers. Dies wird durch das sinnvolle Zusammenwirken und den beweglichen Einsatz der strategischen Ressourcen erreicht.

Im direkten Sinne gilt dies bei der Produktentwicklung und der Marktbearbeitung, im indirekten Sinne bei entsprechenden logistischen und/oder organisatorischen Maßnahmen.

**Bildung von Schwergewichten**

Jeder operative Erfolg ist das Resultat der Konzentration der strategischen Ressourcen zur richtigen Zeit und am richtigen Objekt. Jede Zersplitterung der Kräfte ist zu vermeiden.

Dies bedingt die überlegte Inkaufnahme von Lücken und Risiken.

Die Massierung von strategischen Ressourcen ist auf kurze Zeitspannen zu beschränken. Dies bedingt eine sorgfältige Analyse der Ausgangslage.

**Einfachheit der Aktionen**

Nur das Einfache hat Aussicht auf Erfolg (siehe Seite 49 ff.).

Ein einfacher Entschluss, klar und einfach dargestellt und formuliert, verspricht den sichersten Erfolg, weil damit die Wahrscheinlichkeit am größten ist, dass die Absicht von allen verstanden und umgesetzt wird.

Einfache Aktionen verkleinern den Aufwand für Vorbereitung und Koordination und verbessern damit die Chancen für zeitgerechtes Handeln.

**Sicherheit**

Leichtfertiges, unüberlegtes Handeln kann die Substanz der Unternehmung gefährden. Gerade zum Zeitpunkt der Abfassung dieses Buches, wo verschiedene Unternehmen um das nackte Überleben kämpfen, beobachten wir bei gewissen Wettbewerbern ein Verhalten, das wir als «Kamikaze-Aktionen» bezeichnen. Sie nehmen langfristig schwere Nachteile in Kauf zu Gunsten kurzfristiger Erfolge.

### Ökonomie der Kräfte

Durch zweckmäßiges Ausnützen von Synergien, sei es im eigenen Hause oder zusammen mit befreundeten Firmen, können Mittel und Kräfte eingespart werden.

In entscheidenden Phasen des Wettbewerbs sollen keine Kräfte brach liegen.

In jedem Falle gilt: Liquidität kommt vor Rentabilität. Wird dieser Grundsatz eingehalten, stellt sich bald auch die Rentabilität ein.

### Einheitlichkeit des Handelns

Für die Erfüllung einer Aufgabe muss die Einheitlichkeit des Handelns unter einem einzigen verantwortlichen Chef und durch klare Abgrenzung der Verantwortungsbereiche hergestellt werden.

### Flexibilität

Der Chef muss flexibel genug sein, um seinen Plan geänderten Bedingungen anzupassen, von einer sich bietenden Gelegenheit Gebrauch zu machen oder das Schwergewicht seiner Aktion der Lage entsprechend zu verlegen. Er darf aber damit den Rahmen der Absicht des vorgesetzten Chefs nicht sprengen.

Damit die Unterstellten im Sinne des Ganzen flexibel handeln können, muss die eigene Absicht eindeutig formuliert und diejenige des Vorgesetzten klar beschrieben sein.

Flexibilität ist nur möglich, wenn die Zuteilung von Mitteln rechtzeitig den veränderten Gegebenheiten angepasst wird.

**Freiheit des Handelns**

(Siehe auch Kap. 15, Seite 123 ff.)
Die Initiative darf nicht dem Wettbewerber überlassen werden. Stets muss es das Bestreben jedes Chefs sein, die Freiheit des Handelns zu bewahren, um seinerseits die Initiative ergreifen zu können.

Die Freiheit des Handelns lässt sich durch folgende Maßnahmen gewinnen oder bewahren:
- Vorausschauendes Planen und Handeln,
- Schutz vor Überraschung durch gute Markt- und Technologiebeobachtung,
- zweckmäßige Kräftegliederung,
- Schaffung von Reserven,
- Geheimhaltung und Täuschung,
- Flexibilität und rasches Handeln.

**Überraschung**

Der Wettbewerber soll mit Aktionen überrascht werden, auf die er nicht vorbereitet ist. Überraschung verursacht Zeitverlust beim Wettbewerber und kann ihn zu unüberlegten Handlungen verleiten. Damit erhöhen sich die Erfolgsaussichten für die eigenen Aktionen.

Oder: «Aus der Sonne heraus angreifen!» (Luftwaffe)

## 3.6 Und jetzt?

Wie geht man nun damit in der Unternehmenspraxis konkret vor? Zunächst muss natürlich der Strategieprozess, wie vorstehend beschrieben, begriffen und verstanden werden. Es ist wichtig, vorgängig mit dem Strategieteam zu einer gemeinsam getragenen Auffassung über die Systematik und die zu verwendenden Begriffe zu kommen. Die Strategielehre ist «das Latein» der Unternehmensführung. Längst nicht alle Strategiebücher verwenden dieselben Begriffe, wie sie hier definiert werden.

Vor allem ist die Strategiebildung ein unternehmensinterner Vorgang: Ich halte es für ausgeschlossen, obwohl dies häufig praktiziert wird, dass dieser Prozess von einer außenstehenden Instanz vorgenommen werden kann.

Obwohl auch auf jenem Weg ein vordergründig gutes Werk entstehen kann, wird kaum die totale Identifikation des Strategieteams mit allen Aussagen erzielt. Ein fremdgesteuerter Strategieprozess kann bei der Umsetzung zur Alibifunktion degradiert werden. Die Strategieerarbeitung ist eine Kernfunktion der Unternehmensführung. Sie kann definitionsgemäß nicht auch noch delegiert werden.

Zum Strategieteam gehören alle Mitarbeiter, die entsprechend begabt sind und etwas zu sagen haben, und zwar unabhängig von der hierarchischen Funktion. In der Praxis sind dies natürlich die obersten Führungskräfte, aber nicht nur sie. Das Team sollte zudem aus gruppendynamischen Gründen nicht allzu groß sein. Außerdem gehört der Aufsichts- resp. Verwaltungsrat oder einer ihrer Vertreter dazu, denn er genehmigt am Ende des Prozesses die Resultate.

Last but not least: Es ist streng darauf zu achten, dass weder in die Ausgangslage noch in die Vision Formulierungen einfließen, die in irgendeiner Weise schon eine bestimmte Strategie präjudizieren.

Bei aller notwendiger Systematik wird die Strategiefindung letztlich trotz allem ein sehr intuitiver Vorgang sein. Zwar gibt es Bewertungsmethoden (etwa den «Morphologischen Kasten» von Zwicky), welche helfen, Zusammenhänge zu erkennen. Das reale Unternehmensgeschehen ist jedoch so vieldimensional und dynamisch, dass es keinen programmierbaren Weg zum Erfolg gibt. Man muss hier wirklich «das Schießen auf bewegliche Ziele» beherrschen (siehe auch Seite 123 ff.).

# 4. Führungsrhythmus und Führungsstufen

## 4.1 Führungsrhythmus

In der Regel haben Verantwortliche aller Stufen die Abfolge von Anweisungen und deren Strukturierungen im Blut. Sie wissen, dass diesbezüglich kein grundsätzlicher Unterschied zwischen einem Strategiepapier, einem Operationsplan oder einer ganz alltäglichen (taktischen) Anordnung besteht. In allen Fällen lässt sich der Führungsrhythmus von folgendem «Dreiklang» leiten:
- Ausgangslage
- Vision/Zielsetzung
- Strategie/aktive Anordnungen

Die folgende Tabelle sollte die jeweiligen Schritte verdeutlichen:

| Strategischer Plan für ein Unternehmen | Struktur eines Operationsplanes, Konzeptes, Berichtes etc. | Struktur einer alltäglichen (taktischen) Anordnung |
|---|---|---|
| *Ausgangslage* Eigene Lage, Wettbewerbslage, Entwicklung der Märkte, Technologien etc. | *Ausgangslage* Was ist relevant? | *Orientierung* Was ist los? Was will man von uns? Was weiß man außerdem? Eigene Möglichkeiten. |

| Vision | Zielsetzung<br>Welcher Zustand<br>soll erreicht werden? | Absicht<br>Ich will ... |
|---|---|---|
| Strategie<br>Wie wird von der<br>Ausgangslage ausgehend das visionäre<br>Ziel angestrebt? | Operationsplan<br>Einsatz der strategischen Ressourcen. | Aufträge<br>Wer tut jetzt mit welchen Mitteln wann, was etc.? |

Um Zeit zu gewinnen, können die Einzelanweisungen auch zeitlich gestaffelt ausgearbeitet und abgegeben werden.

## 4.2 Führungsstufen und Hierarchiestufen

Diese Festlegungen haben Konsequenzen für die jeweiligen Führungs- und Hierarchiestufen, sowohl in der Vorgehensweise als auch in der zeitlichen Dauer. Nicht umsonst lassen sich den Begriffen Strategie, Operation und Taktik – auf einen einfachen Nenner gebracht – auch Zeitintervalle zuordnen:
- Strategie = langer Zeitraum
- Operation = mittlerer Zeitraum
- Taktik = kurzer Zeitraum

Was hier als lang, mittellang oder kurz zu bezeichnen ist, hängt natürlich von den jeweiligen Umständen ab. In der Krise schrumpfen diese Zeitintervalle eventuell drastisch. Zeichnet sich die Möglichkeit eines finalen Crashs in den nächsten Wochen oder Monaten ab, so macht es keinen

Sinn, sich noch mit den übernächsten Jahren gedanklich zu befassen; niemand will schließlich «in Schönheit sterben». Das Gleiche gilt für die Art des Vorgehens, die Wahl der Mittel und die Festlegung der Aufgaben.

Aber die Bestimmung von strategischen Zielen und taktischen Aufgaben hat auch seine Auswirkungen auf die jeweiligen Stufen des Managements. Die Konsequenzen dieses Denkmodells sind tabellarisch unten aufgeführt.

| Management | Stufe | | |
|---|---|---|---|
| | Strategisch (Gruppenleitung) | Operativ (Geschäftsleitungen) | Taktisch (Abteilung und tiefer) |
| Denk-(Planungs-)Horizont | bis 5 Jahre | 1-2 Jahre | Monate |
| | (Monate)* | (Wochen)* | (Tage)* |
| Vorgehen | abstrakt intuitiv, sprunghaft mit Grobkonzepten Vordenkerfunktion strategische Projekte | analytisch mit Detailkonzepten standardisierte Planungstools Einzelprojekte | standardisierte Geschäftsprozesse |
| Mittel | Vision (Mission), Ziele Strategie Umweltnachrichten | Teilstrategien Geschäftspläne Aktionspläne Umweltnachrichten Managementstrukturen | Produktionsmittel Mitarbeiter |
| Aufgaben | strategische Unternehmensführung Außenpolitik Investor Relations Öffentlichkeitsarbeit VR-Beziehungen Gruppencontrolling und -finanzierung Key Accountmanagement Strategieerarbeitung Corporate Identity Managementdevelopment etc. | operative Unternehmensführung Sicherstellung der Fachkompetenz CRM HR-Management Budgetierung und Budgetcontrolling etc. | Tagesgeschäft Leistungserstellung |

\* In Krisenlagen

Die Mitarbeiter aller Stufen müssen wissen, wie ihre über- und unterstellten Kollegen arbeiten (siehe auch Kap. 12, Seite 95 ff.). Sie müssen verstehen, welches deren Zeitbedürfnisse sind und welches ihr Führungsstil zu sein hat. Die Führungsstufen sind in diesem Sinne nicht automatisch identisch mit den Hierarchiestufen. Letztere können grob eingeteilt werden in:

- Aufsichtsrat, Verwaltungsrat resp. Board,
- Geschäftsleitung,
- Divisionsleitungen; bei kleineren Unternehmen können dies Hauptabteilungen sein,
- alle unteren Hierarchiestufen (Abteilungen, Gruppen etc.).

Anzumerken wäre noch, dass in den gesetzlichen Bestimmungen die Aufgaben von Aufsichtsrat, Verwaltungsrat oder dem Supervisory Board länderspezifisch unterschiedlich definiert sind. In der Schweiz wird die «Oberleitung der Gesellschaft», d.h. die strategische Unternehmensführung und damit die «unübertragbare» Verantwortung für die Erarbeitung der Strategie ganz klar dem Verwaltungsrat zugewiesen (OR Art. 716a). Nun kommen offensichtlich die wenigsten Verwaltungsräte dieser Pflicht nach, können es ja bei Lichte besehen in der Regel auch nicht, da sie nicht über das dazu notwendige Wissen verfügen können. Zur Bestätigung dieser Aussage gibt es nur wenige, aber neuere Untersuchungen, etwa von Prof. Dr. R. Dubs (Universität St. Gallen) oder von Heidrick & Struggles. Man wird eine operative Geschäftsführung kaum dazu bewegen können, auszusagen, dass der eigene Verwaltungsrat dieser Pflicht nicht nachkommt. Umgekehrt wird jedes Mitglied eines Verwaltungsrates vehement bestätigen, dass er und seine VR-Kollegen in dieser Beziehung vorbildlich handeln. Aber eben: Die Unternehmensrealität sieht anders aus. In dieser Beziehung ist die deutsche Gesetzgebung praxisnäher. Gemäss AktG § 76 hat hier der Vorstand in eigener Verantwortung die Gesellschaft zu leiten. Entsprechende Massnahmen können dem Aufsichtsrat ausdrücklich nicht übertragen werden (AktG § 111). Es wäre sinnvoll, wenn sich die Instanzen, welche sich so sehr um die Corporate Governance in der Schweiz bemühen, ihren Fokus verändern würden und sich mehr um den Inhalt, als um die Organisation der Verwaltungsratstätigkeit kümmern würden.

Worin besteht der Unterschied zwischen Hierarchiestufe und Führungsstufe? Die Hierarchiestufe ergibt sich aus der Organisation eines Unternehmens und den damit verbundenen gesetzlichen Verpflichtungen. Die Führungsstufe bezeichnet die daraus resultierenden strategischen, operativen oder taktischen Aufgaben.

Jede Hierarchiestufe muss sich mit mehr als nur einer Führungsstufe befassen. Am besten wird dies grafisch dargestellt (siehe Abbildung S. 48).

Es ist unzweckmäßig und höchstens als zeitlich begrenzte Notlösung denkbar, wenn eine Hierarchiestufe über mehr als zwei Führungsstufen aktiv ist. Geschieht dies trotzdem, wird eine von den dreien nicht richtig ausgefüllt.

Daneben besteht vor allem ab operativer Stufe die gro-

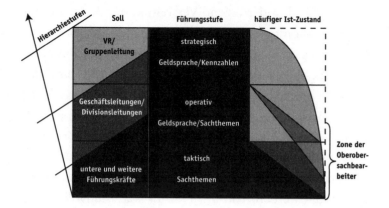

ße Gefahr, dass nicht geführt, sondern verwaltet wird. Wir treffen häufig keine Führungskräfte an, sondern Oberobersachbearbeiter (siehe auch Kap. 12.2, Seite 97 ff.), also solche Führungskräfte, die nach dem Petersprinzip eine Hierarchiestufe einnehmen, der sie nicht gewachsen sind. In der Konsequenz verwalten sie nicht nur nicht, sondern sie vernichten regelrecht Führungsleistung.

# 5. Führungsgrundsätze

Acht Führungsgrundsätze, die auch bei StarragHeckert angewendet werden, können als Grundlage der Führungstätigkeit angesehen werden. Sie sind aus militärischen Führungsgrundsätzen abgeleitet:

## 5.1 Acht Führungsgrundsätze

1. Achtung vor der Persönlichkeit des anderen.
2. Offene Kommunikation im Innenverhältnis, Diskretion nach außen.
3. Hol- und Bring-Prinzip bei Informationen (Verpflichtung zur eigenständigen Besorgung und Bereitstellung von Informationen).
4. Durch schnelle Entscheidungen Zeit gewinnen.
5. Nur das Einfache hat Aussicht auf Erfolg.
6. Führung durch Zielorientierung (Orientierung auf erreichbare Ziele).
7. Führung durch Prozessorientierung (Orientierung auf Sachfragen und gemeinsame Arbeitsprozesse).
8. Ein geschriebenes und ein gesprochenes Wort sind dasselbe.

Damit sind die Leitlinien festgelegt, nach denen sich eine Führungspersönlichkeit orientieren sollte und mit denen sie den Mitarbeitenden Orientierung gibt. Diese Führungsgrundsätze sind Messlatten. Führungstätigkeiten aller Art müssen diesen entsprechen. Der erfolgreiche Chef wendet sie instinktiv an.

### Achtung vor der Persönlichkeit des anderen

Die Autorität einer erfolgreichen Führungspersönlichkeit kann sich nur dann entfalten, wenn sie die Persönlichkeit der untergebenen Menschen respektiert. Dieses Prinzip gilt in privaten wie militärischen Verhältnissen.

Es ist ein weit verbreiteter Irrtum, dass Führung im Militär nur autoritäres Gehabe auf der einen Seite und Kadavergehorsam auf der anderen bedeute.

Ob in einer Berufs- oder in einer Wehrpflichtigenarmee, in modernen demokratischen Gesellschaften setzt das Militär auf selbstständig denkende Menschen. Diese müssen in ihrer Persönlichkeit respektiert werden, weil sie sonst die ihnen übertragenen Aufgaben ohne Entschiedenheit und Überzeugung – und dann auch mit der entsprechenden Fehlerquote – ausführen werden.

In einer marktwirtschaftlich organisierten Gesellschaft gilt das Prinzip umso mehr. Kein Arbeitnehmer wird sich auf die Dauer mangelnden Respekt gefallen lassen. Entweder er wirkt obstruktiv, oder er kündigt.

## Offene Kommunikation im Innenverhältnis, Diskretion nach außen

Offene Kommunikation im Innenverhältnis sollte eine Selbstverständlichkeit sein. Kein Mensch stochert gern im Nebel des Halbwissens herum. Ein erfolgreicher Chef weiß, dass er seine Mitarbeiter nur für Ziele motivieren kann, wenn sie wissen, worum es geht.

Dagegen sollte ebenso klar sein, dass interne Dinge auch intern bleiben und nicht nach außen getragen werden sollten. Dazu gehört auch, dass Mitarbeitende von internen Veränderungen zuerst durch ihre Vorgesetzten hören sollten und nicht durch die Presse. Während die Bedeutung dieser Frage in der militärischen Organisation völlig unbestritten ist, ist das Bewusstsein dafür unter Führungskräften in der Wirtschaft recht unterentwickelt.

Wer aber mit dem eigenen Unternehmen über die Öffentlichkeit kommuniziert, macht sich unglaubwürdig.

## Hol- und Bring-Prinzip bei Informationen
(Verpflichtung zur eigenständigen Besorgung und Bereitstellung von Informationen)

Damit ist gemeint, dass ein Chef selbst dafür verantwortlich ist, dass er alle für Entscheidungen notwendigen Informationen erhält. Er hat ebenfalls für die umfassende Weitergabe von Informationen und Anweisungen sowohl an übergeordnete als auch an untergeordnete Ebenen zu sorgen.

Dieses Prinzip birgt einige Brisanz, denn es legt die

Verantwortlichkeit für einen reibungslosen Informationsfluss fest. Ein Chef, der sich bei Fehlentscheidungen auf mangelnde Informationsweitergabe beruft, ist auf dem falschen Posten.

### Durch schnelle Entscheidungen Zeit gewinnen

Dieses Prinzip wirkt nicht nur im militärischen Zusammenhang plausibel, es entwickelt auch im geschäftlichen Zusammenhang seine Tragkraft.

Es ist nicht hilfreich, notwendige Entscheidungen auf die lange Bank zu schieben. Das führt nur dazu, dass der eigene Verantwortungsbereich aus lauter «Baustellen» besteht und der verantwortlichen Person der Handlungsspielraum für unternehmerische Initiativen verloren geht.

Einerseits gilt hier ein Grundsatz, den man uns in militärischen Führungslehrgängen beigebracht hat: Lieber das Gute heute als das sehr Gute morgen. Andererseits darf Schnelligkeit nie auf Kosten der Gründlichkeit gehen (siehe die Entwicklung bei ABB, die ihr damaliger CEO Percy Barnevik zu Erfolgen zu führen schien, die aber in einer tiefen Krise endete).

### Nur das Einfache hat Aussicht auf Erfolg

Für dieses Prinzip haben die Amerikaner ein amüsantes Akronym geschaffen: KISS (keep it short and simple).

Kommunikation im Allgemeinen und Entscheidungen und Anweisungen im Besonderen sollten kurz, knapp und einfach gehalten sein. Nur dann sind sie eindeutig und unmissverständlich. Viele Probleme tauchen nämlich erst dann auf, wenn der Chef zu sehr und zu kompliziert um die Ecke gedacht hat. Plötzlich fangen die Untergebenen an zu rätseln und zu interpretieren, was Verzögerungen bei der Durchführung von Anweisungen zur Folge hat.

Letztlich sind auch viele der heute kompliziert dargestellten politischen Probleme höchst einfach. Kompliziert wurden sie erst durch die Politiker, die nicht gerne Dinge beim Namen nennen.

**Führen durch Zielorientierung**

Folgt man diesem Prinzip, erhält der Unterstellte (resp. die untergeordnete Ebene) ein Maximum an Handlungsfreiheit zur Erfüllung eines Auftrages, dies im Rahmen der Absicht des Vorgesetzten sowie unter Beachtung der Strategie.

Bei den Streitkräften Deutschlands und der Schweiz nennt man dieses Prinzip «Auftragstaktik»; im Schweizer Reglement «Führung und Stabsorganisation» (gültig ab 1. Januar 2004) wird diese wie folgt definiert: «Die Auftragstaktik ist ein Führungsverfahren, in welchem der Unterstellte im Rahmen der Absicht des Vorgesetzten ein Maximum an Handlungsfreiheit zur Erfüllung seines Auftrages erhält.» Das Gegenteil dieses sehr anspruchsvollen Prinzips ist die einfachere, aber ineffiziente «Befehlstaktik» (siehe Kap. 9.1, Seite 77 ff.).

Indem die Ziele vorgegeben, die Wege zu ihrer Erreichung aber dem Untergebenen selbstständig überlassen werden, entlastet sich der Chef und gibt dem Untergebenen den notwendigen Spielraum zur Erfüllung der Aufgabe.

Die Aufträge an die Unterstellten beinhalten nur dann Auflagen, wenn solche zur Koordination verschiedener Vorgänge notwendig sind. Unterstellte Mittel, gewährte Unterstützung und delegierte Kompetenzen sollen die Erfüllung des Auftrages ermöglichen.

Dabei ist aber auch zu bedenken: Zielorientierte Führung verlangt neben einheitlichem Denken auch klare Vorstellungen über die Möglichkeiten der unterstellten Mitarbeiter sowie Initiative und verantwortungsbewusstes Handeln auf allen Stufen.

Die aus der Strategie abgeleiteten Aufträge müssen stets von neuem durch die Chefs aller Stufen analysiert werden. Von einem erteilten Auftrag darf dann abgewichen werden, wenn gleichzeitig

- die Lage sich grundlegend geändert hat,
- der Vorgesetzte nicht erreichbar ist und
- ein Abwarten nicht verantwortet werden kann.

Dabei ist stets im Sinne der Absicht des vorgesetzten Chefs zu handeln.

**Führung durch Prozessorientierung**

Das moderne Geschäftsleben hat mit militärischen Vorgängen eines gemeinsam: Beides sind hochkomplexe, arbeitsteilige Prozesse. Aus dieser Tatsache leitet sich ja auch die klare Definition von Hierarchien und die erkennbare Struktur von Anweisungen ab.

Einem erfolgreichen Chef gelingt es, seine Untergebenen auf die arbeitsteiligen Zwänge und den daraus resultierenden prozesshaften Charakter ihrer Arbeit zu fokussieren. Der Erfolg lässt in der Regel nicht auf sich warten: Diskussionen und mögliche Konflikte werden versachlicht.

**Ein geschriebenes und ein gesprochenes Wort sind dasselbe**

Dieses Prinzip hört sich einfach an und ist doch offensichtlich schwer zu verwirklichen. Es stellt einen moralischen Anspruch an die Führung.

Außerdem bietet es die Gewähr dafür, dass Anweisungen und Informationen immer eindeutig sind und alle Ebenen sich auf das eine und das andere verlassen können, ob in geschriebener oder gesprochener Form.

## 5.2 Führen heißt nicht nur Aufträge erteilen

Neben den acht Führungsprinzipien lassen sich aber aus der militärischen Führungspraxis noch weitere Überlegungen ableiten. Führen ist mehr als nur die Frage nach dem Stil des Gebens von Anweisungen. Es ist die Gesamtheit erfolgreicher Leitungstätigkeit. Führen heißt erkennbar Einfluss nehmen:
- Motivieren
- Vorausschauen, Planen
- Ziele setzen

- Kontrollieren
- Sichtbar sein
- Ausbilden
- Sich um die Mitarbeiter kümmern
- Etwas bewegen
- Organisieren

Damit diese Funktion entschieden ausgeübt und von einer neutralen Urteilsfähigkeit begleitet werden kann, sollte die führende Person kritisch mit sich selber sein. Permanentes Hinterfragen der eigenen Rolle, ein generelles Überprüfen, ob alle Aufgaben erfüllt werden, muss zum ständigen Begleiter werden.

Im Grunde genommen laufen diese Teiltätigkeiten gebetsmühlenartig ständig bewusst oder unbewusst im Kopf des Chefs ab, wie ein 360-Grad-Suchradar.

## 5.3 Die Bedeutung einheitlicher Werte und Regeln

Entscheidender Träger des Wettbewerbs ist der Mensch, ungeachtet aller hoch entwickelten technischen Mittel. Die Führung hat diesem Umstand Rechnung zu tragen.

Ungewissheit, Zeitdruck, psychische und physische Belastung sind die wichtigsten Merkmale der Führung im Wettbewerb und in Krisenlagen.

Einheitlichkeit im Denken und Handeln aller Chefs ist eine wesentliche Voraussetzung für den Erfolg. Sie beruht unter anderem auf

- gleichen Führungsgrundsätzen,
- einheitlicher Ausbildung und
- einheitlichen sprachlichen Begriffen.

Eine klare Organisation sowie eindeutige Unterstellungsverhältnisse sind für die Erfüllung eines Auftrages unerlässlich.

Veränderungen der Organisation sind sorgfältig abzuwägen. Der Notwendigkeit der flexiblen, auftragsorientierten Zusammenstellung von Kräften steht der Nachteil des Auseinanderreißens eingespielter Strukturen und das Überwinden interner Widerstände gegenüber.

Aufträge und Weisungen erfolgen grundsätzlich über den Dienstweg, administrative oder fachdienstliche Anordnungen über den Fachdienstweg (Matrixorganisation).

## 5.4 Der Chef

Der Chef prägt mit seiner Haltung und seinem Beispiel, mit seinem Willen und seiner Leistung die ihm unterstellten Mitarbeiter. Sein Charakter und seine Persönlichkeit sind ebenso wichtig wie sein Wissen und Können.

Der Chef soll Entwicklungen der Lage frühzeitig erkennen. Er muss fähig sein, aufgrund geistiger Beweglichkeit, Realitätssinn und Vorstellungsvermögen sowie logischer Gedankengänge zu einem klaren Urteil und anschließend zu einem zweckmäßigen Entschluss zu kommen.

Erfolgreiche Führung im Wettbewerb setzt entschlossenes Handeln, Beharrlichkeit und Durchhaltevermögen voraus, aber auch Flexibilität und die Fähigkeit zu rascher Reaktion. Diese Grundgedanken prägen auch die Aufgaben:

- Wenn es die Gunst des Augenblickes erfordert, darf der Chef nicht auf Aufträge warten. Unentschlossenheit kann ebenso verhängnisvoll sein wie Handeln aus einem falschen Entschluss.
- Der Chef sorgt für die laufende Orientierung seiner Mitarbeiter über Auftrag und Lageentwicklung, soweit es die Geheimhaltung erlaubt. Je besser die Mitarbeiter mit den Absichten des Chefs vertraut sind, desto eher sind sie in der Lage, selber mitdenkend, in seinem Sinne zu handeln.
- Der Chef hält sich über die Motivation seiner Mitarbeiter und über den Gang der Arbeit auf dem Laufenden. In kritischen Lagen wird er persönlich vor Ort einwirken.
- Der Chef trifft seine Entscheide in alleiniger Verantwortung. Mitarbeiter werden in die Entscheidungsfindung miteinbezogen, wann immer es die Situation gestattet.
- Der Chef delegiert Aufgaben und Kompetenzen nach Maßgabe der Situation und sorgt auf allen Stufen für eine einheitliche Denkrichtung zur Lösung der gestellten Aufgaben.
- Ausgangspunkt der Führungstätigkeiten des Chefs ist immer sein Auftrag, und wichtigstes Resultat derselben sind die Aufträge an die Unterstellten. Der Chef handelt dabei grundsätzlich nach dem Prinzip der Führung durch Zielsetzung.

- Die Ausübung der Autorität des Chefs über seine Mitarbeiter zur Erfüllung der zugewiesenen Aufgaben umfasst die *Kompetenz* und *Verantwortung* für den gezielten Einsatz aller zur Verfügung stehenden Mittel sowie die *Kostenverantwortung*.

Weite Teile dieses Kapitels stammen wiederum aus der Schweizer «Truppenführung 95» (TF 95). Wenn in diesem Text die Begriffe «Wettbewerb» durch «Kampf» oder «Kriegsgeschehen», «Chef» durch «militärischer Führer» oder «Kommandant», «Mitarbeiter» durch «Truppe», «Führung durch Zielorientierung» durch «Auftragstaktik» und «Kompetenz» durch «Befehlsgewalt» ersetzt werden, entsteht praktisch wieder der originale Text der TF 95. Er lässt an Klarheit nichts zu wünschen übrig und ist es wert, beherzigt zu werden.

# 6. Unternehmenskultur

## 6.1 Was heißt Unternehmenskultur?

Das folgende Kapitel stellt keine spezifische Adaption militärischer Führungprinzipien dar, sondern fragt nach der Unternehmenskultur in einer Unternehmung, die vor nicht allzu langer Zeit aus zwei Betrieben bestand, die von ihren Führungsregeln her nicht unterschiedlicher hätten sein können.

Was heißt da also Unternehmenskultur? Sie ist der unsichtbare Teil des soziotechnischen Systems Unternehmung. Im sichtbaren Teil, vergleichbar mit dem Teil eines Eisberges, der über Wasser schwimmt, geht es um Prozesse, Aufbauorganisationen, Facts und Figures etc. Im viel größeren, unsichtbaren Teil geht es um die Art, wie die Menschen miteinander umgehen, also um Normen, Gefühle, Motivationen, Macht, Denkhaltungen, Tabus, Seilschaften oder Kommunikation.

Der statische Teil einer Firma – die sichtbaren Strukturen, Aufbau- und Ablauforganisationen etc. – positioniert die Unternehmenskultur zunächst in ihrem Umfeld. Dynamik, Aufbruchstimmung, Flexibilität, Innovation etc. entstehen durch die Kultur und legen letztlich die Rahmenbedingungen für die Wettbewerbsfähigkeit fest.

Der amerikanische Managementautor Tom Peters brachte es an einem Konferenzlunch für Unternehmer in London auf den Punkt: «In der Unternehmensführung geht es zu einhundert Prozent um Emotionen. Ende der Geschichte. Damit meine ich nicht, dass man schreit und brüllt. Ich spreche auch nicht davon, dass man weint und sich umarmt. Ich meine einfach nur Emotion. Weil Organisationen aus Menschen bestehen. Punkt. Aus mehr nicht, einfach nur aus Menschen. Und Menschen sind emotional. So sind Menschen nun einmal. Sie, ich und die Stundenlöhner mit und ohne Namen.»

## 6.2 Kann Unternehmenskultur gemessen werden?

Diese Frage stellt sich jedes aufmerksame Management. Gerne möchte man zu den Unternehmern gehören, denen eine fortschrittliche Unternehmenskultur attestiert wird. Und wenn diese Frage negativ beurteilt wird, so möchte man wissen, wo denn für Verbesserungen angesetzt werden muss. Jeder Chef weiß, dass selbst die klügsten Strategien zum Scheitern verurteilt sind, wenn die Mitarbeiter demotiviert sind und nicht mitziehen.

Damit drängt sich bereits die erste Präzisierung auf: Es geht bei diesem Thema offenbar nicht nur um die harten Fakten, den statischen Teil oder die Spitze des Eisberges wie oben ausgeführt, nicht nur um die Prozesse und Abläufe, die Strukturen, die sich aus der Strategie ergeben. Bekanntlich gilt: *Structure follows strategy and people!* Es geht offensichtlich wesentlich darum, wie sich die Mitarbeiter innerhalb dieser Strukturen fühlen, um das Betriebsklima also. Unter Unternehmenskultur verstehen wir hier das Produkt aus strategiegerechten Strukturen und dem Wohlbefinden der Mitarbeiter in diesen Strukturen.

StarragHeckert ist das Resultat einer Firmenfusion über große Kulturhürden hinweg, wie schon im Vorwort dargestellt. Im Außenverhältnis werden wir als Beispiel eines erfolgreichen Zusammenschlusses verstanden. Doch wie sieht es im Inneren aus?

Zwei nahe liegende Indikatoren sprechen eine klare Sprache. Sowohl der Krankenstand als auch die Personalfluktuation liegen an beiden Standorten signifikant unter den jeweils örtlichen Branchendurchschnitten.

Im Jahre 2001 führten wir eine Befragung unter unseren Mitarbeitern durch, um uns ein noch besseres Bild über die Stimmungslage machen zu können. Den Fragebogen entwickelten wir selbst. Später nahmen MBA-Studenten zu demselben Thema bei uns Untersuchungen vor.

Um es vorwegzunehmen: Das Resultat des Jahres 2001 war für uns Führungskräfte schmeichelhaft. Allerdings befand sich damals unsere ganze Industrie in einem Erfolgshoch und mit ihr auch StarragHeckert. Ob dieselbe Erhebung heute, im Jahre 2004, noch genauso gut ausfiele, ist nicht sicher, weil wir erneut darangehen mussten, unsere Strukturen den Gegebenheiten anzupassen und weil der Kampf um Erfolg härter geworden ist.

Mitarbeiter neigen oft dazu, den Umbau von Strukturen als Schwächezeichen der Führung auszulegen. Chefs, welche die schwierigeren Umweltbedingungen schneller spüren, strahlen unter diesen Umständen auch weniger Optimismus nach unten aus. Es ist logisch, wenn dann «das Betriebsklima» leidet (siehe auch Kap. 14.8, Seite 116f.).

An diesem Problem erkennen wir: Da Strukturanpassungen eine Daueraufgabe sind, ist das zugehörige Betriebsklima kein konstanter Faktor. Deshalb erfordern beide die dauernde Aufmerksamkeit der Führungskräfte.

Interessant war der Befund, dass die Mitarbeiter aus Sachsen – zumindest verbal – ihr Betriebsklima im Vergleich zu den Schweizern als besser empfanden. Nach langem Nachdenken komme ich allerdings zum Schluss, dass daraus keine Folgerungen abgeleitet werden sollten. Dies aus den zwei folgenden Gründen: Zunächst ist der «Wohlfühlfaktor» bei Menschen, die aus der Kultur der ehemaligen DDR kommen, bei genau derselben «Umgebungstemperatur» sicher zunächst höher als bei Schweizern, die keine großen Anpassungen vornehmen mussten. Schließlich stellte ich immer wieder fest, dass Schweizer und Sachsen dieselben Wörter häufig unterschiedlich gebrauchen: «Gut» bedeutet nicht immer dasselbe wie «gut».

In einem Punkt unterscheiden sie sich nicht, allerdings auch nicht von anderen Firmen, die ich kenne, nämlich im Informationsverhalten. Informationen von oben nach unten und umgekehrt bleiben allzu häufig in der Mitte der Hierarchie stecken, und das Verständnis für Querinformationen ist verbesserungswürdig. Nur ein informierter Mitarbeiter kann ein guter Mitarbeiter sein.

Bei allen solchen Umfragen gibt es immer einen oder ein paar Antwortende, die aus der Reihe schlagen. Es sind professionelle Meckerer und Besserwisser, auf die man nicht eingehen kann. Oft meinen sie ihre Kritiken gar nicht bösartig. Sie müssen aber dennoch insofern erfasst und eingekreist werden, als ihr freies Wirken das Betriebsklima unnötig verschlechtert.

Daraus ergibt sich eine grundsätzliche, nächste Erkenntnis: Unternehmenskultur kann nur qualitativ erfasst werden. Vergleiche über größere Distanzen sind kaum schlüssig, und letztendlich ist es auch gar nicht notwendig, zwei so unterschiedliche Standorte, wie sie StarragHeckert derzeit hat, stets und in allen Teilen gleichzuschalten. Ein Optimum ist hier besser als ein Maximum. Diese Regel lässt sich sicher auf andere, in Fusion befindliche Betriebe übertragen.

# 7. Der Zusammenhang zwischen Strategie und Unternehmenskultur

Bisher befassten wir uns mit der Kultur sowie Führung im Allgemeinen und der StarragHeckert-Strategie im Besonderen. Es stellt sich nun zwangsläufig noch die Frage nach dem Zusammenhang zwischen den beiden Sachthemen. Zu diesem Zweck soll ein weiterer Begriff, sozusagen als Brücke, eingeführt werden, nämlich den der Technologiehöhe.

Strategien lassen sich ganz grob in drei Kategorien einteilen, nämlich in
- Vorwärtsstrategien,
- bewahrende Strategien und
- Defensivstrategien.

Unternehmen teilt man gemeinhin auf in
- High-Tech-Unternehmen,
- Middle-Tech-Unternehmen und
- Low-Tech-Unternehmen.

Daraus ergibt sich die folgende Kulturmatrix:

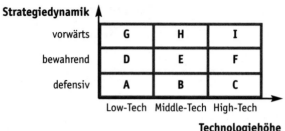

Die Felder von A bis I wollen wir Kulturfelder nennen. Ein Unternehmen, das durch seine Strategiedynamik und Technologiehöhe zum Feld I gehört, braucht sicher eine ganz andere Kultur als eines im Feld B.

Am untersten Ende der Technologiehöhe könnte man etwa einen Bauernhof in einem Entwicklungsland und am oberen Ende beispielsweise eine Mikroelektronik- oder Bio-Tech-Firma ansiedeln. Unternehmen mit wenig Eigenkapital, in Verdrängungsmärkten tätig und mit wenig Phantasie fahren eine Defensivstrategie – ob sie wollen oder nicht.

Es ist nahe liegend, dass die charakterliche und intellektuelle Struktur der Mitarbeiter und Chefs von Firmen im Feld E eine andere zu sein hat als etwa in Feld I. In der Armee teilt man der Infanterie, die es so übrigens bald nicht mehr geben wird, ganz andere Rekruten zu als beispielsweise der Luftwaffe.

In High-Tech-Unternehmen finden wir einen stark überdurchschnittlichen Anteil von Mitarbeitern mit sehr hoher Ausbildung, Low-Tech-Unternehmen können mit einem hohen Anteil an ungelernten Kräften auskommen.

In der militärischen Führungslehre unterscheidet man

zwischen Angriff (Vorwärtsstrategie), Verteidigung (bewahrende Strategie) und Rückzug (Defensivstrategie) und hat die unterschiedlichen Kriterien in den entsprechenden Reglementen ausgearbeitet.

Ein Chef, der in der Vorwärtsstrategie Hervorragendes leistet, ist mitunter eher ungeeignet, einen Rückzug zu führen und umgekehrt.

Damit, glaube ich, ist deutlich geworden, dass die Felder A bis I unterschiedliche Unternehmenskulturen definieren.

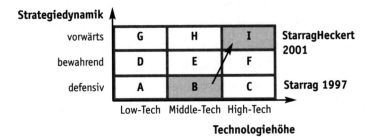

Wie ordnet sich nun StarragHeckert in diese Matrix ein?

Der Zustand der Firma Heckert ließ sich 1997 noch nicht fixieren, diese Ausnahmesituation (damals bestand Heckert aus einer Auffanggesellschaft nach Konkurs) passt nicht in unsere Matrix.

Starrag war zu jenem Zeitpunkt zwar weltweit tätig, aber letztlich eher defensiv und eigenbrötlerisch. Heute, wo wir unsere neue Strategie zur vollen Entfaltung gebracht haben, sind wir zusammen in jeder Hinsicht schlagkräftiger und können uns somit auch an komplexere Operationen heranwagen.

Also: Eine Strategieveränderung und/oder Änderung der Technologiehöhe setzt immer auch eine Kulturveränderung voraus. Es ist Aufgabe der Unternehmensführung, in ihren Maßnahmenplan stets auch kulturelle Elemente zu integrieren.

Zur Frage, wie schnell sich solche Kulturveränderungen durchsetzen lassen, pflegen Vortragsredner so zu tun, als wäre dies nur eine Organisationsfrage. Der Verfasser weiß aus Erfahrung, dass die dazu nötige Zeit viel größer ist, als man gerne zugibt, und dies ist wahrscheinlich auch gut so. Es gibt Literaturstellen, die für eine wichtige Kulturänderung bis zu zehn Jahre veranschlagen! Mitarbeiter können nicht einfach umprogrammiert werden wie Maschinen. Dort, wo diese Veränderungen zu schnell oder in kurzen Zeitabständen mehrmals erzwungen wurden, sind die Mitarbeiter innerlich zerrüttet, selbst wenn sie nach außen stramme Haltung markieren.

# 8. Wertvorstellungen

## 8.1 Unsere Wertvorstellungen

Im Folgenden die Wertvorstellungen, die bei StarragHeckert vertreten werden:

*Der Kunde ist unser wichtigster Partner*
- Ihm zuhören und dienen
- Seine Erwartungen und Zusagen erfüllen
- Vertrauen durch Zuverlässigkeit schaffen

*Qualität in allen Bereichen*
- Professionalität bei jedem Tun
- Termine einhalten
- Pflege auch der Details
- Zuverlässige Kommunikation

*Disziplin*
- Aufträge erfüllen
- Sauberkeit und Ordnung
- Jeder Mitarbeiter ist Repräsentant unserer Firma
- Verantwortung übernehmen und tragen

*Auftrags- und erfolgsorientiert*
- Hoch gesteckte Ziele fordern uns heraus

- Probleme erkennen und lösen, nicht wegdiskutieren
- Wir wollen unter allen Umständen erfolgreich sein

*Der Mensch im Mittelpunkt*
- Wir wollen stolz sein auf unser Team und unsere Firma
- Achtung vor der Persönlichkeit des anderen
- Vertrauen schenken
- Freude im Beruf bringt auch Freude in die Familie

Wenn wir davon ausgehen, dass der Erfolg einer Unternehmung wesentlich von der Ausgestaltung und Umsetzung der Strategie, der Organisation und der Unternehmenskultur abhängt, so sind damit eigentlich die Stichwörter gegeben, mit denen sich die Führungstätigkeit im weitesten Sinne auseinander zu setzen hat. Wertvorstellungen sind dabei die schriftliche Formulierung der Unternehmenskultur. Sie legen fest, wie wir miteinander, mit der Umwelt und mit Problemen umgehen wollen.

Natürlich muss die Unternehmenskultur in starkem Maße mit der Gesellschaftskultur harmonieren, in welche die Unternehmung eingebettet ist. Aus diesem Grunde haben wir die Wertvorstellungen von StarragHeckert von der ersten Stunde des Zusammengehens an vereinheitlicht.

Sozusagen als Verfassung hängen sie seither in allen Räumen weltweit, übersetzt wurden sie bisher in sieben Sprachen. Es ist Pflicht aller Mitarbeiter, einander aufmerksam zu machen, wenn sie im Mitarbeiterverhältnis, im Team oder gegenüber der Umwelt (Stakeholdern = Kunden, Lieferanten, Öffentlichkeit, Aktionären etc.) nicht eingehalten werden.

Seit der Einführung haben uns viele Kunden um Kopien ersucht. Einzelne haben sie mit ihrem Logo versehen und für sich verbindlich erklärt, aber wir fühlen uns deshalb trotzdem geehrt.

Dass der Kunde zuerst erwähnt wird, ist kein Zufall, und eigentlich schämen wir uns fast ein wenig für diese Plattitüde. Aber leider gibt es auch in unserem Hause genügend verlorene Aufträge, die für die Konkurrenz zu lukrativen Geschäften wurden, nur weil Mitarbeiter es nicht schafften, ihren Kunden zuzuhören oder ihnen bis zuletzt mit missionarischem Eifer weiszumachen versuchten, sie wüssten besser, was sie wirklich benötigen.

StarragHeckert hat ein gutes Qualitätsimage, aber noch lange nicht überall oder auf dem Niveau, mit dem wir uns zufrieden geben dürfen. Insbesondere gehen immer wieder durch unzuverlässige Kommunikation wertvolle Punkte verloren.

Es ist erstaunlich, wie viele Mitarbeiter sich drehen und winden, wenn sie Aufträge erfüllen sollen und dazu Verantwortung übernehmen müssen. Bei uns darf jeder Fehler machen, wenn sie nicht aus Nachlässigkeit entstehen. Fehler können korrigiert werden, Disziplinlosigkeit nur schwer. Aufträge wollen wir denn auch möglichst gut erfüllen, wir wollen unter allen Umständen die Besten sein.

Und schließlich: Jeder soll mit seinen Arbeitskollegen, unabhängig von der Hierarchie, so umgehen, wie er selber wünscht, dass man ihn behandelt. Mobbing sollte es so nicht geben!

Gerade weil im Alltag nicht immer alles so einfach ist, wie es sich in den Wertvorstellungen liest, muss im Sinne der Ausbildung immer wieder auf einzelne Aspekte zurückgegriffen werden.

Führen heißt immer auch Ausbilden, und zwar auf allen Stufen.

## 8.2 Die Wertvorstellungen der Wanderer-Werke

Wir sind stolz darauf, dass es bei Heckert fast identische Wertvorstellungen bereits vor achtzig Jahren gab. Das muss man sich mal vorstellen!

«Die zehn Gebote für Vorwärtsstrebende» legen ein hervorragendes Zeugnis dafür ab.

**Die zehn Gebote für Vorwärtsstrebende**

1. Grundbedingung ist, dass man seinen Beruf gründlich versteht.
2. Den Ehrgeiz haben, jedes Ding besser zu machen, als es irgendein anderer kann.
3. Am Prinzip festhalten, dass dem Kunden für sein Geld nur das Beste geliefert werden darf.
4. Eine nie erlöschende Freude an der Arbeit muss vorhanden sein. Das Geldverdienen darf niemals Hauptzweck der Arbeit sein.
5. Immer nur nach den neuesten Arbeitsmethoden und mit den allerbesten Einrichtungen im Betriebe arbeiten. Fachschriften lesen und lesen lassen. Alle Ausstellungen besuchen.

6. Der größere Teil des verdienten Geldes muss zur Beschaffung der betriebsfördernden Mittel verwendet werden.
7. Den rechten Mann an den rechten Platz stellen.
8. Einfach und solid leben, damit man früh mit klarem Kopfe an die Arbeit gehen kann.
9. Sich mit dem Gedanken vertraut machen, dass man nicht jedes Geschäft machen kann oder muss. Damit wird man sich vor vielen Verlusten bewahren und von der Konkurrenz geachtet sein.
10. Schließlich gehört noch eine recht große Dosis Geduld dazu, um den Erfolg seiner Mühen abwarten zu können, auch wenn es manchmal recht trostlos aussieht.

Starrag und Heckert haben in ihrer Geschichte immer wieder Phasen großer Erfolge gehabt. Misserfolge stellten sich ein, wenn man sich von diesen Wertvorstellungen, geschrieben oder ungeschrieben, entfernte oder wenn man die Strategie änderte, ohne die nötigen kulturellen Anpassungen vorgenommen zu haben. Kulturelle Veränderungen dauern länger als die Neudefinition einer Strategie. Ein Strategieprozess ist erst abgeschlossen, wenn Erstere auch vollzogen worden sind.

# 9. Zur Führungs- und Strategielehre – eine Nachlese

## 9.1 West Point

Nicht ganz zufällig befasst sich die Managementliteratur wieder vermehrt mit der militärischen Führungslehre, in den USA mehr, in Europa weniger. Eine deutsche Wirtschaftszeitschrift titelte unlängst: «Groß in Mode: Militärischer Managerdrill.» Es scheint, dass man vor allem in den USA wieder direkte Anleihen bei militärischen Ausbildungsprogrammen nimmt, vor allem bei der berühmten «United States Military Academy» in West Point im Staate New York. West Point ist der älteste Militärposten der USA (seit dem Unabhängigkeitskrieg); die berühmtesten Generäle der USA (Lee, Patton, Eisenhower) haben die Akademie durchlaufen.

Im Bezug auf den Drill meine ich, dass dieser offenbar auch auf der Erkenntnis beruht, dass Nobelhotels keine geeignete Umgebung für eine Lebensschule sind, und jede Führungsausbildung ist eine Lebensschule. Ich halte den Drill für junge Männer für angemessen. Die Älteren haben den Drill bei der Bundeswehr («beim Bund»), der NVA oder in der Schweiz in Rekrutenschule und Wiederholungskursen («im Dienst») hinter sich gebracht. Drill ist nicht per se schlecht; manchmal ist er auch da, selbst wenn er nicht als Drill bezeichnet wird. Heute drillt uns das tägliche Unternehmensgeschehen.

Offensichtlich entdeckt man in West Point ein Führungsprinzip neu, das für uns altbekannt ist, nämlich die so genannte *Auftragstaktik* oder, wie wir es formuliert haben, die «Führung durch Zielorientierung».

Gelegentlich hat man dies auch «Management by Objectives» (MbO) genannt. Für die amerikanische militärische Führungslehre ist dies tatsächlich eine Neuigkeit, für die deutsche und schweizerische Tradition jedoch nicht. Die Auftragstaktik ist das Ergebnis eines langen historischen Prozesses, der in der königlich-preussischen Armee begann und nach 1815 von verschiedenen Armeen gemeinsam weiterentwickelt wurde.

Sie ist seither eiserner Bestandteil der Generalstabs- und Führungsausbildung aller deutschen Heere bis zur modernen Bundeswehr. Die schweizerische Generalstabstradition ist bereits seit dem Ende des 19. Jahrhunderts eng mit der deutschen verbunden, nicht zuletzt durch personellen Austausch bis in die neueste Zeit. In der NVA wurde die Auftragstaktik nicht angewendet, man setzte dort vor allem auf die russische Doktrin. Die jedoch hatte für individualistische Lösungen zur Zielerreichung nicht viel übrig.

Das Gegenteil der Auftragstaktik ist die *Befehlstaktik.* Bei ihr wird dem Unterstellten nicht gesagt, was (das wäre Auftragstaktik), sondern nur, wie etwas zu tun ist.

Der Vietnamkrieg wurde von den USA offenbar überwiegend mit Befehlstaktik geführt, wie aus Gesprächen mit teilnehmenden Offizieren zu schließen ist. Aber auch seither hat sich nicht viel geändert. Was sagte doch der amerikanische Soldat dem Interviewer, der ihn untätig neben den Plünderern des historischen Museums in Bagdad filmte: «That is not my job!» Das Resultat einer solchen Haltung ist bekannt. Viele Unternehmenskatastrophen können auf dieselbe Weise erklärt werden.

Nach weiterem Nachdenken und Vergleichen kommt man zum Schluss, dass Führen mit Auftragstaktik zunächst einmal sicher ein entsprechendes Intelligenzniveau voraussetzt, hauptsächlich jedoch einen ganz bestimmten kulturellen Hintergrund. Offiziere der deutschen Bundeswehr, die in Stäben der NATO, z.B. mit französischen oder amerikanischen Kollegen zusammen arbeiteten, bestätigen dies. Wer das Führen mit Auftragstaktik beherrscht, hat in jedem Fall einen Wettbewerbsvorteil, obwohl zum Erfolg noch viele andere weiche Faktoren gehören.

## 9.2 Vom Denken in militärischen Kategorien

Wie bereits angetönt, könnte das Ende klassischer Streitkräfte in Europa zu einer Entkrampfung des Verhältnisses zwischen der zivilen und der militärischen Führungslehre führen. Auch in der Schweiz wird man in der Rückschau eine pragmatische Haltung einnehmen, spätestens dann, wenn «Militär» nicht mehr mit «Filz» in Zusammenhang gebracht werden kann.

Anfangs der Neunzigerjahre des vergangenen Jahrhunderts bezeichnete der damalige Vorstandsvorsitzende der Volkswagen AG, Ferdinand Piëch, die Vorgänge auf dem

Markt als «Krieg». Er wurde dafür in der Presse stark angegriffen; von Rückfall in die Barbarei war die Rede etc. Aber Piëch hatte Recht. Spätestens seit Carl von Clausewitz' Bemerkung vom «Krieg als Fortsetzung der Politik mit anderen Mitteln» (1830) sollte eigentlich klar sein, dass Krieg und Frieden in einem engen Zusammenhang zueinander stehen. Das Gleiche gilt selbstverständlich auch für die Wirtschaft, die eine Gesellschaft im Krieg wie im Frieden mit ihren Grundbedürfnissen versorgt.

Vor allem in Krisenzeiten bemühen Wettbewerber immer wieder Maßnahmen, die dem Faustrecht gleichkommen. Ziel allen unternehmerischen Wirkens ist in solchen Zeiten die Vernichtung des Gegners (Konkurrenten). Konkurse oder politische Maßnahmen von Regierungen vernichten große Vermögenswerte, manchmal mit nicht anderen Resultaten wie durch den Krieg.

Militärische Kategorien können also bei der Behandlung wirtschaftlicher oder «ziviler» Probleme durchaus angewandt werden. In mehr als nur einem Fall ist die militärische Metapher präziser als die zivile Umschreibung.

In den USA waren die Streitkräfte stets ein integraler Bestandteil der Gesellschaft, ihr Beitrag zum Wohlergehen des Landes wurde nie in Zweifel gezogen. Dasselbe galt für die Schweiz bis zum Ende des kalten Krieges und teilweise auch für Deutschland, obwohl dort schlechte Erinnerungen an die Wehrmacht und die Reichswehr dieser Einsicht Grenzen setzte.

Viele erfolgreiche Wirtschaftsführer der USA haben sich ihr Managementrüstzeug in den Streitkräften ihres Landes geholt und stehen dazu. Auch in der Schweiz haben

Manager mit militärischer und ziviler Doppelausbildung Erfolg gehabt. Sowohl in den USA als auch in der Schweiz ist die Mobilität zwischen den Streitkräften und der privaten Wirtschaft groß, obwohl gewisse Entwicklungen dem wohl ein Ende setzen werden. Damit soll nicht gesagt sein, dass eine Führungskraft, welche die Chance dieser Ausbildung nicht hatte, nicht auch Spitzenleistungen vollbringen kann.

Dann gibt es jene, die sich mit einer Gegendoktrin schmücken, die mitunter im Namen bekannter Beratungsunternehmen daherkommt. Vorläufig und angesichts gewisser Firmenkrisen können diese Doktrinen jedoch für sich noch keine besondere Wirksamkeit in Anspruch nehmen.

Nicht unerwähnt bleiben sollte schließlich, dass der erstaunliche Wiederaufbau der Wirtschaft in den alten Bundesländern Deutschlands nach dem Krieg von Unternehmern getragen wurde, die von der militärischen Führungslehre und Disziplin geprägt waren. Das damals sehr bekannte Harzburger Modell hat viele Anleihen beim klassischen deutschen Generalstabsdenken gemacht. Streitkräfte sind wie Wirtschaftsunternehmen soziotechnische Systeme, und auch bei ihnen steht der Mensch im Mittelpunkt (siehe Kap. 8, Seite 171 ff.)!

Nachdem die fruchtbare Dualität zwischen Streitkräften und Wirtschaft in modernen Gesellschaften eine neue Ausformung erlebt, lohnt es, sich zu erinnern, woher die «klassischen» Führungsregeln kommen. Dies auch dann, wenn spätere Autoren diese, spektakulär verpackt, als Neuigkeiten verkaufen werden.

## 9.3 Casestudies und Computersimulationen als Ausbildungshilfen

Wer Zeit hat und nicht wirklich Strategien in eine moderne Unternehmensrealität umsetzen, also keinen Tatbeweis antreten muss, kann sich mit Sun Tzu, dem Chinesen, mit Miyamoto Musashi, dem Japaner, oder anderen «Klassikern» des Altertums befassen. «Lehnstuhlstrategen» wird es immer geben. Die dabei gefundenen «Regeln» aber als Grundlagen strategischen Denkens darzustellen, ist wirklichkeitsfremd.

Ein modernes Industrieunternehmen, in welchem Wettbewerbsumfeld auch immer, ein soziotechnisches System also, in dem sich außerdem zunehmend Beschleunigungsprozesse abspielen, kann nicht durch solch triviale Grundüberlegungen geführt werden. Die Entwicklung von Strategien bei gegebener Ausgangslage lehrt man heute am besten mit der Casestudy-Methode, die von der Harvard Business School entwickelt wurde und zwischenzeitlich weit verbreitet ist, oder im Militär in Truppen- und Stabsübungen. Unsere Casestudy heißt «StarragHeckert».

Neuerdings tauchen weitere interessante Ausbildungshilfen auf, nämlich Computersimulatoren als Übungsgeräte für Entscheidungstraining und Erprobung von Strategien.

Sehr neu ist der Gedanke aber auch wieder nicht. Schon kurz nach dem zweiten Weltkrieg entwickelten Militärs das so genannte *Operations Research,* um vieldimensionale Abhängigkeiten mathematisch zu optimieren. Im Stab der schweizerischen Luftwaffe fanden schon in den Achtzigerjahren des letzten Jahrhunderts umfassende Luftverteidigungsübungen computergestützt statt.

Die «COLPO» genannten Übungen ermöglichten einen beachtlichen Lerneffekt, ohne dass eine einzige reale Flugoperation durchgeführt werden musste. Allerdings war der Programmieraufwand zum Betreiben aller Führungssysteme entsprechend groß und erfuhr leider keine weitere Verbreitung über den speziellen Anwendungszweck hinaus.

«Was für einen General gut ist, könnte auch Managern nicht schaden», war kürzlich in einer Wirtschaftszeitschrift zu lesen. Gemeint ist damit, dass es zu einer weiteren fruchtbaren Zusammenarbeit zwischen Streitkräften und Wirtschaft kommen könnte, wenn die umfassenden Module für die Simulation von Strategien und Operationen auch auf zivile Anwendungsfälle erweitert würden.

Allerdings: Eine solche planerische Beschäftigung mit möglichen Zukunftsentwicklungen führt nicht zum wahren Leben, zum wahren Krieg oder zur realen wirtschaftlichen Entwicklung. Es gibt keine programmierbare Kriegs- oder Unternehmensführung! Erstens kommt es anders und zweitens als man denkt.

Dies dürften die Planer des Irakkrieges bestätigen, die umfassende Simulationen in ihren Labors durchführten. Aber: Die planerische Beschäftigung mit möglichen Zukunftsszenarien und ihre Simulation spielt die Gedanken frei für die wirklich kreativen und situationsgerechten Entscheidungen im realen Alltag.

## 9.4 Der COO

Den COO (Chief Operating Officer) setzt man in meist größeren Unternehmen ein, um die «Operationen» zu führen. Das Wort «Operationen» wird in der deutschen Unternehmensführungslehre, im Gegensatz zur amerikanischen, praktisch nicht gebraucht, wahrscheinlich einmal mehr aus Berührungsängsten gegenüber der militärischen Herkunft des Begriffes. Dasselbe gilt für das Wort «Taktik», obwohl man dieses sehr gut für alles, was das Tagesgeschäft betrifft, verwenden könnte.

In meinem Erfahrungskreis habe ich selten ein erfolgreiches Zusammenwirken zwischen CEO (Chief Executive Officer) und COO beobachten können. Wo es einen COO gibt oder gab, entstand vielmehr häufig der Eindruck, dass sich der CEO als übermächtiger «Boss aller Bosse» zwar nicht mehr in die Niederungen des internen Unternehmensgeschehens begeben, aber trotzdem das letzte Wort behalten wollte. Richtig eingesetzt kann der COO jedoch den CEO wirksam für strategische Aufgaben entlasten. Sinnvoll ist die Einsetzung eines COO auch als zeitlich begrenzte Übergangslösung. Dies z. B. dann, wenn die Unternehmung noch zu klein ist, um eine ganze zusätzliche (operative) Führungsebene einzuziehen und trotzdem die Führungsspanne des CEO reduziert werden muss, oder wenn auf diese Weise ein Nachfolger für den CEO aufgebaut werden soll. Als Dauerlösung scheint sie mir nicht konsequent zu sein und wird für KMUs nicht in Erwägung gezogen werden können.

## 10. Die Führungslehre des Divisionärs

Divisionär ist die schweizerische Bezeichnung für einen Zweisterngeneral. Einer von ihnen, Divisionär B., hat meine Führungsausbildung nachhaltig beeinflusst, «erdnah und schollenverbunden», wie er zu sagen pflegte. Da ich, zusammengezählt, viele Jahre in der Armee meines Landes aktiv war, hat mich diese auch stark geprägt. Daher nehme ich auch gerne Bezug auf diese Erfahrung, weil ich sie für wertvoll halte.

Besagter Divisionär begegnete mir im Laufe meiner Laufbahn immer wieder. Zuerst, als er Oberleutnant und ich Korporal war, später in verschiedenen Kommandoverhältnissen. Er pflegte einen rauen Umgangston und eckte auch sonst mit seiner Art bei vielen zart besaiteten Leuten an. Er und ich sind uns immer mit Achtung begegnet, weil wir uns gegenseitig anerkannten und nichts schuldig blieben. Wir sind uns bis heute freundschaftlich verbunden geblieben.

Mich haben vier seiner Führungsgrundsätze besonders geprägt:

**1. Wenn Du jemandem einen Befehl (zivil: Auftrag) gibst, schaue ihm dabei in die Augen! Wenn er dabei kurz zuckt, weißt du, dass er verstanden hat, was man von ihm verlangt.**

Wenn er dich aber mit großen Augen anschaut, weißt du, dass er das nicht hat.

(Deshalb ließ man übrigens früher in der Armee jeden Auftrag vom Beauftragten wiederholen. Erstaunlich dabei war, wie oft etwas wiederholt wurde, was gar nicht so gesagt worden war.)

Auch in zivilen Organisationen ist es verblüffend, wie oft Beauftragte einfach nicht das tun, was man von ihnen erwartet (wahrscheinlich oft aber auch nur deshalb, weil der Chef nicht in der Lage ist, präzise Aufträge zu formulieren). Auch privatwirtschaftliche Organisationen können nur effizient sein, wenn Beauftragte tun, was man ihnen sagt (und zu diesem Zweck auch klar strukturierte Anweisungen bekommen).

In einer Unternehmung machte ich dabei folgende Beobachtung: Wann immer ich jemandem einen Auftrag erteilte, spielte sich in dessen Kopf ein komplizierter Denkprozess ab. Er überlegte offensichtlich: Was passiert, wenn ich tue, was man mir sagt? Und: was passiert, wenn ich es nicht tue? Anschließend überlegte er dann in Richtung Ärgerminimierung und führte die Anweisung meistens nur ungenau aus. Die Augen waren dabei nicht groß, aber irgendwie nachdenklich, jedenfalls haben sie nicht gezuckt.

Dass dabei nichts Effizientes herauskam, hing mit der Kultur dieser Firma zusammen, bei der eine Fehlerkultur herrschte, wo systematisch Misserfolge dem Untergebenen in die Schuhe geschoben wurden.

Zum Thema «Tun, was einem gesagt wird» gehört auch das Antwortverhalten (Kap. 11, Seite 91 ff.):

2. Wenn dir jemand einen Vorfall meldet, der zunächst ungeheuerlich ist und vordergründig dein sofortiges dramatisches Handeln erfordert, gehe davon aus, dass der Sachverhalt in der Regel nicht so eindeutig ist, wie er dargestellt wird.

Es kann sich dabei um zwischenmenschliche Vorfälle handeln, Kundenbeziehungen betreffen oder Projekte, bei denen schwierige Zeitverhältnisse und organisatorisch-technische Zusammenhänge vorliegen. Jedenfalls betrifft es solche, die neuralgisch die Zielerreichung der Unternehmung (des militärischen Verbandes) auf irgendeiner Ebene gefährden, wo aber reflexartiges Intervenieren gleichfalls gefährlich ist.

In solchen (seltenen) Fällen müssen sich die Chefs aller Stufen auch um kleine Details kümmern, damit am Ende das richtige, konsequente Handeln resultiert. Sie sind insbesondere dann nicht häufig, wenn wir Wichtiges von Unwichtigem zu unterscheiden wissen.

Nur die lückenlose Aufklärung des gesamten Sachverhaltes kann in solchen Fällen weiterhelfen. Bei richtigem Handeln führt das Resultat statt in eine Sackgasse oft auch zu neuen Impulsen und gemeinsamen Erfolgserlebnissen. Dabei müssen unter Umständen unangenehme Wahrheiten gesagt werden, selbst wenn diese den Kunden oder den Vorgesetzten betreffen. Der Kunde und der Vorgesetzte sind zwar Könige, aber nicht immer!

3. Wenn in einer wichtigen Operation (Projekt) ein wirklich entscheidendes Element vorkommt, verlasse dich nie allein auf die Vollzugsmeldung anderer! Nur, wenn du einen ent-

sprechenden Gegenstand selbst berührt, ein Dokument selbst gesehen oder eine Person selbst gesprochen hast, kannst du sicher sein, dass alles so abläuft wie geplant.

Überall dort, wo sich ein Misserfolg einstellt, und anschließend jemand bei etwas «gemeint hat, dass ...», wurde dieser Grundsatz nicht befolgt. Damit sind wir bei unserem Kollegen «man» angelangt, den wir am Ende von Kapitel 14.7 (Seite 114 ff.) entlassen werden. Alle Alarmglocken müssen läuten, wenn bei persönlichen Fragen oder Fragen persönlicher Verantwortlichkeiten von «man» gesprochen wird.

4. Die «prise en main» (französisch für das «in die Hand nehmen») ist einer der wichtigsten Vorgänge im Rahmen von Führungsänderungen (gelegentlich auch «Change-Management» genannt).

Damit meinte unser Divisionär die Art, wie ein neuer Chef seinen Führungsbereich (Verband) in die Hand nimmt. Je schneller und konsequenter er dies tut, je schneller er Führungsstärke zeigt, desto kürzer ist für die Geführten die Phase der Verunsicherung und desto schneller werden neue Ziele erreicht.

Im Militär hat man auf tiefer Stufe (bis ca. Kompanie) die Möglichkeit, zum Exerzieren oder durch ein «Antrittsverlesen» Präsenz zu zeigen. Ein erfolgreiches Beispiel dieser Art war die Integration der NVA in die Bundeswehr durch General Schönbohm, wo eine sehr gefährliche Situation so erfolgreich gemeistert wurde, dass sie von der

Öffentlichkeit nicht einmal wahrgenommen wurde (beide Armeen wurden jahrzehntelang trainiert mit dem einzigen Ziel, im Einsatzfall den jeweils anderen zu vernichten). Schönbohm löste das Problem, indem er innerhalb von wenigen Tagen alle Verbände der NVA von Stufe Regiment/Geschwader an aufwärts durch neue Köpfe (aus der Bundeswehr) führen ließ, und diese eine «prise en main» machten.

Letztlich bedeutet diese Regel auch, dass nur da Führung herrscht, wo Führung sichtbar ist. Veränderungen in unseren Strukturen gehören bis auf Weiteres zu unserer Tagesordnung, also müssen stets überall Führungseinflüsse ausgeübt werden. Führung ist leicht erkennbar, nämlich an der Zielstrebigkeit aller Tätigkeiten, an der Freundlichkeit und Motivation der Mitarbeiter und nicht zuletzt an der Ordnung und Sauberkeit an den Arbeitsplätzen. Führungsleistung ist auch messbar, nämlich an hoher Produktivität und an niedrigem Krankenstand.

Diese vier Führungsgrundsätze setzen natürlich ein sehr direktes (frontnahes) und spontanes Verhalten aller Chefs voraus. Das heißt nicht, dass dieses nicht auch stufengerecht und menschenfreundlich sein kann, aber eben: Erdnah und schollenverbunden!

# 11. Das Antwortverhalten oder: Der schwere Weg zur Durchsetzung der 48-Stundenregel

## 11.1 Antworten zum Ersten

Bei Analysen, Gesprächen und sonstigen Unterhaltungen werde ich immer wieder mit dem mangelnden Antwortverhalten unserer Organisation konfrontiert. Grund ist sicher der starke Projektcharakter unseres Geschäftes, das nur schlecht auf der Grundlage allgemein gültiger Abläufe betrieben werden kann.

Das Schema ist immer das Gleiche: Wenn die Leistungsfähigkeit einer Person oder einer organisatorischen Einheit von StarragHeckert diskutiert werden soll, reagiert diese oft mit dem Hinweis, von Partnern oder Partnerorganisationen nicht rechtzeitig angeforderte Antworten erhalten zu haben. Dasselbe beklagen Stellen innerhalb unseres Einflussbereiches, aber auch Kunden.

Wenn alles stimmte, was so jeweils behauptet wird, wäre unser diesbezügliches Verhalten tatsächlich disziplinlos und lausig. Gehe ich aber Einzelfällen nach, stellt sich der Sachverhalt oft etwas anders dar, als ursprünglich behauptet; die Wahrheit liegt meist irgendwo in der Mitte.

Das ändert aber nichts am Grundproblem, das bei vielen Unternehmen anzutreffen und auch bei bei unserem Beispielbetrieb StarragHeckert vorzufinden ist: Wir sind generell bezüglich Antwortverhalten schwach: Kundenanfragen werden stark verzögert beantwortet, interne Rückfragen ebenfalls etc. Bei genauem Zusehen ergibt sich oft, dass in der Regel interne Fragen häufig unklar sind.

Unser Informationsprinzip haben wir in den Führungsgrundsätzen klar beschrieben: *Informationshol- und -bringprinzip* (siehe Seite 49 ff.)! Das heißt, dass sich der jeweilige Verantwortliche bei Bedarf durch Insistieren die Antworten «holen» muss, notfalls unter Einschaltung der Hierarchie. Bequemes Warten mit dem Hintergedanken, der «Schwarze Peter» sei ja nun beim anderen, gilt nicht. Wer eine Anfrage bekommt, die unklar ist, oder für die er nicht zuständig ist, hat den Sachverhalt unverzüglich zu klären.

*Information ist alles!* Es gibt keine wichtigen oder unwichtigen Informationen, es gibt höchstens beschränkte Kapazitäten! Im letzteren Falle muss eine von allen Beteiligten getragene Prioritätenreihenfolge definiert werden.

Trotzdem ist interessant, dass einige Mitarbeiterinnen und Mitarbeiter stets alles wissen und zu ihren Informationen kommen und andere nicht. Warum?

Als Ziel sollte ein Antwortverhalten angestrebt werden, bei dem auf jede Anfrage spätestens innerhalb von 48 Stunden reagiert wird. Die Reaktion kann die abschließende Antwort sein oder zumindest der Hinweis, bis wann diese vorliegen wird. Bei unklarer Anfrage muss ebenfalls innerhalb 48 Stunden rückgefragt werden.

Was ist zu tun, um dieses Ziel zu erreichen? Durch schlechtes oder verzögertes Antwortverhalten sparen wir ja nichts, im Gegenteil: Wir machen uns per saldo nur mehr

Arbeit! Ich möchte unsere Organisation weiterhin schlank und gerade dadurch effizient halten.

Deshalb sollte folgende Regel durchgesetzt werden: Wer gelegentlich oder oft durch das Antwortverhalten von Partnern behindert wird oder Zielscheibe von solchen Anschuldigungen ist, sollte ein Journal anlegen. Damit ist er in der Lage, jederzeit eine eindeutige Sachlage vorführen zu können. Wenn nun wieder entsprechende Vorhaltungen auftauchen, müssen die entsprechend Beteiligten ihre Journale präsentieren. Es ist Pflicht der Führungskräfte aller Stufen, auf diese Weise Transparenz und damit obige Zielerreichung zu erzwingen.

Wer auf die Führung eines Journals verzichten will, muss sich seiner schon sehr sicher sein.

Dieser Punkt wirkt auf den ersten Blick nebensächlich. In Wirklichkeit aber zeigt das Informationsverhalten einem Außenstehenden, wie ernst ein Unternehmen seinen Kunde nimmt. Man kann nicht am viel beschworenen Informationszeitalter teilnehmen wollen und dann (aus welchen Gründen auch immer) mit seinen Informationen hinter dem Berg halten.

## 11.2 Apropos: Antwortzeiten zum Zweiten

Die Frage der verzögerten Informationen gerade im Projektgeschäft ist inzwischen zu einem «running gag» der Projektliteratur geworden. Der Projektfachmann Wilfried Reiter schätzt, dass 75 Prozent aller Projekte in Großbetrieben zum Scheitern verurteilt sind, viele von ihnen wegen Informationen, die unvollkommen oder später geschönt weitergegeben werden.

Dieser Sachverhalt zwingt zu einigen grundsätzlichen Einschätzungen: Die Betriebsorganisation fast aller Unternehmungen ist eine Matrixorganisationen. Dabei ist ein Projektleiter immer auf Dienstleistungen anderer angewiesen. Wenn nun ein solches Projekt plötzlich «Not leidend» wird, hat das seine Ursache meist darin, dass irgendjemand eine abgesprochene Leistung zwar zugesichert, aber nicht erbracht hat.

Ein Projektleiter oder Verantwortlicher, der eine versprochene Zuarbeit nicht innerhalb einer Woche erhält und dann trotzdem abwartet, macht sich selbst zum Komplizen der Verzögerung. Auf alle Fälle verwirkt er sein Recht, für Folgen Dritte verantwortlich machen zu können. Für Leistungen gilt nämlich dasselbe wie für Informationen: Leistungshol- und -bringprinzip!

## 12. Der Unternehmensaufbau

### 12.1 Die Organisation

Die Strukturen erfolgreicher Betriebsorganisationen sind viel zu vielfältig, als dass sie in diesem Zusammenhang umfassend behandelt werden könnten. Gleichwohl sollen hier einige Gedanken ausgeführt werden, weil diese zum einen sowohl in der Wirtschaft als auch im militärischen Verband ein Problem werden können, zum anderen, weil die organisatorischen Bezugsgrößen ihre eindeutige Herkunft aus dem militärischen Bereich verraten.

Ein wichtiger Punkt ist dabei die Frage: Wie gehen wir mit Fehlern um? Wenn wir einerseits intern eine Fehlerkultur zulassen wollen (siehe Kap. 14.6, Seite 113), müssen wir dennoch gegenüber unserer Umwelt (den so genannten «Stakeholdern») kompromisslose Professionalität, also eine Nullfehlerkultur, an den Tag legen. Die Fähigkeit, im richtigen Zeitpunkt zu improvisieren, bedeutet nicht die Inkaufnahme von Unprofessionalität.

Ein weiterer Problemkreis ist die Verwaltung. Es ist unbestritten, dass Organisationen, die in eine bestimmte Größe hineinwachsen, die Tendenz haben, beamtenähnliche Strukturen zu entwickeln. Das Problem besteht bei Unternehmen ebenso wie bei militärischen Einheiten.

Großkonzerne haben die Regel entwickelt, wonach eine Organisation nie um Personen herum entwickelt werden darf. Sie erreichen damit, dass jeder ersetzbar ist. Zu diesem Zweck muss jeder sozusagen eine Normschubladenform haben. Dass sich auf diese Weise viele Individuen nicht richtig entwickeln können, ist klar, und es entgeht der Firma damit ein großes Innovationspotenzial. Wie lange diese Unternehmen diese Nachteile zu Gunsten organisatorischer Grundsätze in Kauf nehmen wollen (und können), bleibt deren Problem.

Wenn dennoch der Versuch unternommen wird, Organisatorisches in Organisations-, Qualitäts- oder Führungshandbüchern in Form von Organigrammen, Weisungen, Abläufen, Stellenbeschreibungen und Ähnlichem kurz und knapp festzuhalten, sobald es sich gefestigt hat, dient dies der Klarheit und ist kein Widerspruch zum oben Gesagten. Improvisationsvermögen und Anpassungsfähigkeit sind auch kein Widerspruch zum dauernden Streben nach Klarheit.

Zwei Faktoren werden jede Organisationsentwicklung (auch die bei StarragHeckert) bis auf Weiteres prägen: Wir werden immer zu wenig Führungskräfte haben, und die laufenden Organisationsänderungen müssen nach Möglichkeit künftige Entwicklungen vorwegnehmen – oder konkret: Wenn wir unser Umsatzziel erreichen wollen, müssen wir uns heute schon, mit unseren heutigen Mitteln, dem Markt so präsentieren, als hätten wir schon diese (größere) Statur. Diese Investitionen in die Organisation der Zukunft müssen aber aus dem heutigen Geschäft heraus erwirtschaftet werden.

Dieser Grundgedanke stellt an alle Beteiligten höhere Anforderungen als ein Dienst nach Vorschrift. Der Grund liegt darin, dass er mehr Schnittstellen zur Folge hat und verlangt, dass die Mitarbeiter sich diesen gegenüber gewachsen zeigen. Wer dies nicht kann, wird nicht lange bei uns bleiben.

## 12.2 Die Hierarchie

Die Hierarchie ist kein Instrument, um Macht auszuüben. Sie ist vielmehr ein Ordnungsprinzip, um *von unten nach oben,* mit zunehmendem Abstraktionsgrad, das Unternehmensgeschehen zu koordinieren und v*on oben nach unten,* mit zunehmendem Detaillierungsgrad, die Unternehmensziele umzusetzen.

Mitarbeiter, die irgendwo oberhalb des Sachbearbeiterniveaus eine so genannte Führungsfunktion ausüben, müssen also, in sehr anspruchsvoller Weise die *Funktion* ihrer Vorgesetzten und ihrer Untergebenen verstehen und berücksichtigen.

Sie müssen wissen, wie Anordnungen nach unten erteilt werden, damit der Untergebene seine Aufgabe in größtmöglicher Gestaltungsfreiheit, effizient und ohne Doppelspurigkeiten, unter Berücksichtigung seiner individuellen Fähigkeiten und Kapazitäten, bestens erledigen kann. Sie müssen andererseits verstehen, welche Rückmeldungen die übergeordnete Instanz für ihren Job braucht, damit sie dauernd, aber ohne Informationsüberflutung, das Geschehen überblicken kann. Dies haben wir in einem früheren Kapitel «Führen durch Zielorientierung» (siehe Seite 53 f.) genannt.

Die Hierarchie ist also keine Einbahnstrasse, sondern eine mit Gegenverkehr.

Aus den Führungsrichtlinien geht aber auch hervor, dass zum Zwecke der flexiblen Koordination Informationswege kreuz und quer durch die Hierarchie möglich sind – also nicht entlang der Weisungswege (eine Ausnahme stellt die Matrixorganisation dar).

Effiziente Führungstätigkeit bemüht sich darum, so wenig Hierarchieebenen wie möglich, aber so viel wie nötig zu installieren. Das wirft, obwohl es leicht klingt, Probleme auf, denn damit sinnvoll umzugehen ist schwierig. So einfach das Prinzip der Hierarchieebenen eigentlich ist, so schwer scheint es zu sein, es mit Leben zu erfüllen. Denn der Teufel steckt im Detail:

- Da sind zunächst Führungskräfte, die bei allem Tun immer nur eindimensional denken. Sie erledigen ihre Aufgaben in Sachbearbeitermanier und denken, ihr Vorgesetzter verfahre ebenso. Die Folge ist, dass deren Unterstellte am Gängelband geführt werden. Diese finden schnell heraus, dass der Chef auch ihre Arbeit erledigt, wenn man sie ihm nur geschickt auf seinen Tisch schiebt. Außerdem stellen sie bald fest: Selbst wenn sie etwas tun wollen, wird daran ja ohnehin herumgemäkelt, denn der Chef will ja seine Sachkompetenz in jeder Lebenslage beweisen. Große Hektik oder große Begeisterung wird bei so geführten Mitarbeitern kaum aufkommen. Solche Chefs, die sich als Obersachbearbeiter sehen, verstehen natürlich auch ihre Vorgesetzten nur

als Oberobersachbearbeiter. Sie überlasten sich selber und ihre obere Instanz (siehe auch Kap. 2.4, Seite 23f. und 4.2, Seite 44ff.).
- Konzeptionelles Denken ist eine nicht sehr verbreitete Fähigkeit. Wenn Abklärungen, Studien oder Zuarbeiten verlangt werden, die nicht direkt in das Bild der eigenen Tagesarbeit passen, stellen sich einige kompliziert an oder reagieren einfach nicht.
- Andere Mitarbeiter gehen wiederum davon aus, dass «der Boss» dann schon reklamieren wird, wenn er seine Anordnungen wirklich durchsetzen will. Wenn nicht, hat man sich Arbeit erspart.
- Einige Bereiche versuchen neuartige Forderungen «von oben» einfach auszusitzen. Insbesondere werden vorgegebene Termine nicht eingehalten, vor allem von Personen, die sich bezüglich dieser Forderung sonst lautstark über andere beschweren.

Eine Führungskraft muss sich nicht nur betreffend ihrer Stellung stufengerecht verhalten, sondern sich auch in die Bedürfnisse ihres Chefs hineinversetzen können. Zum Wesen der Hierarchie gehören also folgende Stichworte:
- Disziplin
- Stufengerechtes Verhalten
- Stufengerechtes Denken nach oben und nach unten
- Stufengerechtes Informieren
- Stufengerechte Ziele und Aufträge formulieren
- Durch sinnvolles Delegieren und durch Vorausschauen Zeit für das Wesentliche gewinnen

Die Hierarchie ist zwar an sich eine statische Angelegenheit, muss aber dynamische Veränderungen zulassen. Das Zeitmanagement in der Hierarchie muss auch immer wieder Zeit zum kritischen Nachdenken frei lassen. Zeit, um Veränderungen vorausschauend zu erkennen und damit Reformstaus zu verhindern. Dies ist anforderungsreich, aber letztlich werden Führungskräfte dafür auch besser bezahlt als Untergebene.

# 13. Wissensmanagement

In ihrem Buch «MetaCapitalism» sagten die PricewaterhouseCoopers-Berater Grady Means und David Schneider für die Jahre 2000 bis 2002 den größten einmaligen Wandel durch die Informationstechnologie voraus, den die Wirtschaft und die Unternehmen je erlebt hätten.

Dieser Wandel trat ein, aber im Rückblick (2004) wesentlich anders, als Means und Schneider sich das damals noch vorstellten. Sie gingen davon aus, dass die Informationstechnologie einen derart großen Einfluss auf die Wirtschaft ausüben würde, dass sich der industrielle Sektor deshalb noch auf 15 Prozent aller Beschäftigten zurückbilden werde. Der Einfluss der Informationstechnologie nimmt tatsächlich stark zu, aber nicht auf Kosten der Industrie, sondern des Dienstleistungssektors, eine zwar logische, aber trotzdem unerwartete Entwicklung von großer Langzeitwirkung.

Für den Durchschnittsmenschen tönt dies alles äußerst bedrohlich. «Werde ich in dieser Umgebung bestehen können?», fragt er sich. Ja, muss die Antwort heißen. Die meisten von uns werden – aber nur, wenn wir, wie immer, ihr ins Gesicht schauen – die Herausforderung annehmen und auf unsere Kräfte vertrauen.

Was heißt «Wissensmanagement»? Es bedeutet, aus Informationen Wissen zu machen, Wissen richtig zu verwalten, den richtigen Stellen zugänglich zu machen und das neue Wissen zur Anwendung zu bringen. «Informationen» sind strategische Ressourcen (Kap. 2.3, Seite 22), ihre Verarbeitung zu Wissen ist also eine strategische Tätigkeit. Bei StarragHeckert haben wir zu diesem Zweck eine umfangreiche IT-Teilstrategie definiert; sie wird gegenwärtig umgesetzt. Zwei Hinweise daraus:

- Das «Internetmarketing» zieht, als Nachrichtendienst sozusagen, alle verfügbaren Markt- und Wettbewerbsinformationen, die im Internet verfügbar sind, zusammen und verbreitet sie regelmässig und breitflächig.
- Die «Internet-F&E» erfasst alle über das Internet verfügbaren technisch-wissenschaftlichen Informationen über unser Technologieumfeld.

Wer dies nicht selbst erlebt, glaubt kaum, was auf diese Weise, praktisch gratis, an Informationen und Wissen zusammenkommt. Wir haben die wichtigsten Homepages «markiert» und werden nun automatisch informiert, wenn sich auf einer von diesen etwas verändert. Dies ist ein Realtime-Nachrichtendienst erster Güte. Wir haben auch die systematische Auswertung von Fachzeitschriften organisiert. In Chemnitz und in Rorschacherberg sind Internetdelegierte ernannt worden, damit sich nicht jeder damit befassen muss. Die Einkaufsabteilungen machen schon seit geraumer Zeit Gebrauch vom so genannten E-Business (Handel über das Internet).

Insgesamt ist bei uns also alles vorbereitet für bestes Wissensmanagement. Die dazu nötigen Instrumente müssen nur von den bezeichneten Schlüsselpersonen eingesetzt werden. Ein Steuerungskomitee «IT & Kommunikation» wacht darüber, dass wir stets auf dem modernsten Stand sind. Die pyramidenförmige Organisation stellt sicher, dass niemand überfordert ist, sondern nur sein Mosaiksteinchen dazu beitragen muss, damit wir bestens informiert sind, Wissen daraus machen und es ohne Zeitverzögerung verteilen.

Wie immer bei einem neuen Begriff, der durch die Managementliteratur geistert, stellt sich die Frage, ob mit «Wissensmanagement» nicht einfach wieder ein Modewort in die Welt gesetzt worden ist. Ich denke, dass dem nicht so ist. Im täglichen Leben stellen wir fest, dass es stets Menschen gibt, die immer informiert sind und andere nie, obwohl beiden dieselben Daten zur Verfügung stehen. Dumme Leute sind eben nicht in der Lage, aus Informationen Wissen zu generieren, gescheite sehr wohl. Es vollzieht sich hier ein Prozess, der uns bekannt vorkommt. Reiche werden immer reicher, Arme immer ärmer, Gescheite werden immer gescheiter, Dumme immer dümmer. Wissen ist Macht! Informierte Unternehmen sind wettbewerbsstärker!

# 14. Führungsalltag

Die nachfolgenden Anmerkungen zu verschiedenen Fragen aus dem Führungsalltag bei StarragHeckert gelten umgekehrt auch beim Militär.

## 14.1 Vom Zuhören

Eine Delegation von StarragHeckert hatte kürzlich die Gelegenheit, in China verschiedene Joint Ventures zwischen europäischen und chinesischen Unternehmen zu besichtigen. Nebst interessanten Informationen gab ein welterfahrener General Manager auch einen entscheidenden Rat. Er sagte, dass man in einem fremdsprachigen Land mit zudem ferner Kultur davon ausgehen müsse, dass das gegenseitige Verstehen, das wirkliche Erfassen der Meinung des anderen und das vollständige Herüberbringen des eigenen Standpunktes stets dreimal mehr Zeit brauche, als die Diskussion unter Landsleuten in der eigenen Muttersprache. Mitunter müssten komplizierte Dreiecksfragen gestellt werden, um das Verständnis gegenseitig absolut sicherzustellen. Es geht also wieder um das Verständnishol- und -bringprinzip!

Es ist klar, dass scheitern muss, wer diese Regel missachtet. Menschen, die von Jugend auf und im täglichen Umgang gewohnt sind, mit anderen Sprachen und Kulturen umzugehen, wissen instinktiv um den gesteigerten Aufwand, den eine solche Kommunikation verlangt. Wer diese Fähigkeit und Erfahrung nicht hat, wird glauben, dass ihn bereits Sprachkenntnisse davon dispensieren. Er wird immer wieder Schwierigkeiten haben, aber großzügigerweise glauben, dass einzig der Gesprächspartner eben nicht fähig sei, sich klar auszudrücken oder zu wissen, was er will.

Das ist wohl einer der Gründe, warum wir sogar zwischen Chemnitz (Deutschland) und Rorschacherberg (Schweiz) oft Verständigungsprobleme haben, weil Partner glauben, nicht zuhören zu müssen. Für den Schweizer ist aber sein heimatliches allemannisches Idiom die Muttersprache, denn die Mundarten des Schweizerdeutschen haben im Schweizer Alltag eine viel größere Bedeutung als der Dialekt in Deutschland. In solchen Gesprächen redet der Chemnitzer in seiner Muttersprache, der Rorschacherberger jedoch in einer Fremdsprache. Gehen wir also davon aus, dass auch eine solche Konversation doppelt so viel Zeit braucht wie unter Landsleuten.

Aus beiden Beispielen lässt sich aber ein interessantes Problem ableiten. Unser Gesprächspartner in China hat mir eine Erklärung dafür gegeben. Wer nicht fähig ist, intensiv zuzuhören, hat keine Zukunft. Einen Brief schreiben ist gut, telefonieren ist besser, am besten ist das persönliche Gespräch, Auge in Auge. Telefonieren, die Videokonferenz und das persönliche Gespräch zwingen uns, dem anderen zuzuhören. Kommunikation über Kultur- und

Sprachgrenzen hinweg muss einer unserer Erfolgsfaktoren werden.

## 14.2 Das Risiko, der Zwillingsbruder der Chance

Innovation muss in allen Unternehmensbereichen gleichermaßen stattfinden, nicht nur bei der Produktentwicklung, sondern auch bei der Markterschließung und -entwicklung, der Organisation, der Personalführung sowie im Finanz- und Rechnungswesen. Starrag hat schmerzlich erlebt, was es heißt, in einzelnen Sektoren zu stagnieren, obwohl andere sehr innovativ waren. Auch Heckert hatte zuerst (zwar andere) Defizite ausgleichen müssen, bevor die Firma ihre Talente voll zum Tragen bringen konnte. Aber: Innovationen sind nicht nur mit Chancen, sondern auch mit Risiken verbunden.

Die Frage, wie wir mit Chancen umgehen, ist immer auch eine nach dem Risikomanagement oder nach der Art, wie wir mit der Komplexität technischer und wirtschaftlicher Innovationen umgehen.

In unserer Firmenkultur wollen wir möglichst viele Kompetenzen, aber auch die dazugehörige Verantwortung auf eine möglichst tiefe Stufe delegieren. Wie aber gelingt es zu verhindern, dass plötzlich irgendwo unbeherrschte Risiken auftreten, welche die ganze Firma beeinträchtigen können?

Unsere Antwort heißt zunächst Projektmanagement.

Dieses darf aber nicht nur auf Entwicklungs- oder Verkaufsprozesse bezogen werden. Seine Logik kann auf jegliche Art von Innovation ausgedehnt werden, selbst auf die Erzeugung von Qualität. Wenn zudem Transparenz durch offene Kommunikation bei allen Vorgängen – gepaart mit Disziplin – herrscht, kann eigentlich nicht mehr viel passieren. Disziplin in allen Bereichen und der Zwang zur Kommunikation sind bereits Bestandteile unserer Wertvorstellungen und Führungsgrundsätze, der Umgang damit ist für uns alltäglich.

Innovationen beinhalten also nicht nur Chancen. Erst der verantwortungsvolle Umgang mit den zugehörigen Risiken bescheinigt uns Professionalität. «There is no free lunch!», sagen die Amerikaner, es gibt nirgendwo ein kostenloses Mittagessen.

## 14.3 Apropos: Disziplin

Ein interner Audit an einem Standort hatte ergeben, dass viele Verfahrensanweisungen nur ungenau befolgt werden. Meistens handelt es sich um ein Gewohnheitsrecht, das sich seit langem eingebürgert hat, weil die Führungskräfte aller Stufen ihre Aufgabe falsch verstanden haben. Führen heißt nicht nur organisieren und Arbeit verteilen. Führen heißt auch, Prozesse diszipliniert durchzusetzen.

Wer mit diesen Prozessen nicht einverstanden ist, kann Änderungen anregen, ansonsten sind sie strikt zu befolgen. An vielen Orten hat sich diesbezüglich eine verhängnisvolle Kumpanei breit gemacht nach dem Motto: «Gibst Du mir die Wurst, lösch ich Dir den Durst.» Großzügig sein ist einfach, Respekt erwirbt sich ein Chef jedoch nur, wenn er konsequent ist.

In einem alten Dienstreglement der Schweizer Armee aus dem Jahre 1954 wurde für «Disziplin» eine treffende Formulierung gegeben: «Disziplin ist die volle geistige und körperliche Hingabe des Soldaten an seine Pflicht.» («Betreibst du Archäologie?», fragte mich in diesem Zusammenhang ein General.)

1980 getraute man sich auch in der Armee nicht mehr, diese Dinge so deutlich zu formulieren; umständlich hieß es nun: «Disziplin heißt bewusste Einordnung in das Ganze und Pflichterfüllung nach bestem Wissen und Gewissen, mit ganzer Kraft, ohne Rücksicht auf persönliche Wünsche und Ansichten ...» etc. 1995 wurde die Formulierung noch konfuser.

## 14.4 Muss nach einer Fusion alles gleich sein?

Es ist nicht notwendig, dass sich nach einer Fusion alle Teams wie ein Ei dem anderen gleichen. Eine Fusion bedeutet nicht, die jeweiligen Traditionen vor Ort zu vergessen, sondern dass beide Firmenkulturen zu einem einheitlichen Ganzen verschmelzen.

Nach Fusionen oder auch Zusammenlegungen von verschiedenen Standorten ist häufig das Phänomen festzustellen, dass eine gewisse Angst vorherrscht, vom anderen Partner untergebuttert zu werden. Das äußert sich unter anderem darin, dass die Unternehmensleitung immer wieder verschlüsselte Mitteilungen über Fehlverhalten der anderen erhält, selbstverständlich, ohne dass Ross und Reiter genannt würden.

Sie tut gut daran, auftretende Reibereien solcher Art ernst zu nehmen. Im konkreten Fall wird sie ihre Schlüsse aus solchen Vorgängen ziehen und, wo nötig, Abhilfe schaffen, denn sonst erreicht man das gemeinsame Ziel nie.

Die Führung hat in der Folgezeit vor allem eine wichtige Aufgabe: Sie muss die Köpfe und Herzen ihrer Mitarbeiter gewinnen. Die Einsicht in den Sinn der Fusion muss wachsen. Die Angst vor der Zusammenarbeit muss weg, mehr Vertrauen muss her, und vor allem ist es Pflicht jeder Führungskraft, in ihrem Bereich solchen Animositäten von vornherein den Riegel vorzuschieben.

## 14.5 Management by walking around

Eine mir nahe stehende Person, die nicht bei Starrag-Heckert arbeitet, erzählte mir kürzlich, sie hätte eigentlich seit zwei Monaten einen neuen Chef auf der übernächst höheren Führungsebene; aber gesehen hätte sie diesen noch nie.

Was hat dieser neue Chef falsch gemacht? Zwar hatte er möglicherweise in einer alten Funktion noch ein Projekt zu Ende zu führen, aber er hätte wenigstens seinen Kopf zeigen dürfen. Nachdem er es aber nicht getan hat, kann man die Gedanken der offenbar zumindest auf dem Papier neu unterstellten Mitarbeiter problemlos erraten. Eine spezielle Motivation wird von diesem Chef bis auf weiteres nicht ausgehen. Er hat eine Chance verpasst: Die «prise en main», wie unser Divisionär (Kap. 10, Seite 85 ff.) sagen würde.

Solche Vorgänge darf es schlichtweg nicht geben. Chefs müssen «Chefs zum Anfassen» sein, und zwar auf allen Ebenen. Produktionschefs sollten sich mindestens zweimal täglich in ihren Abteilungen blicken lassen. Auch die Unternehmensleitung muss einiges dafür tun, dass man sie oft vor Ort sieht. Selbst Konzernleitungen müssen sich klar darüber werden, dass die Leitungstätigkeit nicht nur aus E-Mails, Videokonferenzen und Anweisungen besteht. Dass davon nicht jeder Mitarbeiter gleich viel hat, ist klar, müssen sich doch vor allem obere Führungskräfte auch bei Kunden, Lieferanten, Banken, Pressekonferenzen, Verbänden etc. sehen lassen. Dieser Kreis, die so genannten «Stakeholder» wollen schließlich auch am Leben der Unternehmung teilhaben. Stakeholder sind mehr als nur Shareholder, es sind jene Kreise außerhalb der Firma, die in irgendeiner Weise an uns interessiert sind. Damit sind viele Reisen verbunden, welche die Gruppenleitung den eigenen Mitarbeitern entziehen.

Gerade wegen dieser Einschränkung sollte man sich besonders Mühe geben, mit «Management durch Herumwandern» möglichst auch den Puls der eigenen Bereiche zu fühlen.

Das praktizierte ich schon schon bei meinem Berufsstart so, als ich Praktikant und später als junger Angestellter in einer bekannten Großfirma war, allerdings aus anderen Gründen. «Auf den Kilometer gehen», nannten wir es, wenn es uns am Arbeitsplatz langweilig wurde und wir uns entfernten. Unsere Chefs mochten dies gar nicht. Die Neugierigen unter uns Junioren lernten aber auf diese Weise bald die hintersten Winkel und die interessantesten Ecken der Firma hautnah kennen.

Für dieses Herumwandern braucht es nicht jedes Mal eine dringende Notwendigkeit. Ich erfahre so in oft zufälligen Gesprächen mehr als in langen Sitzungen. Eigentlich heißt dies nichts anderes, als dass wir vom Zentrum des Geschehens aus führen wollen, von da aus, wo es passiert und nicht über die Hierarchie, die es zwar auch braucht.

Das Zentrum des Geschehens ist jeden Tag an einem anderen Ort. Feldmarschall Rommel, der große Meister des Bewegungskrieges im Zweiten Weltkrieg, erzielte seine Erfolge hauptsächlich durch seine Führung vor Ort, durch Management by walking around, durch Führung vom Zentrum des Geschehens aus. Ich selber gebe mir Mühe, dasselbe zu tun. Deshalb ist mein Büro nicht mein Kommandoposten und meistens in einem unordentlichen Zustand (Gott hört das Seufzen meiner Sekretärin!).

Ich glaube, dass die Vorteile dieses Prinzips die Nachteile aufwiegen. Die Vorteile sind zweifelsohne die, dass man das Gras wachsen hört, dass man zu vielen zeitgerechten Informationen kommt, ungefiltert, aber auch mit stark unterschiedlicher Relevanz. Die hohe Kunst dieses Verhaltens ist es, die richtigen Schlüsse zu ziehen, ohne dabei die Hierarchie, die, wie gesagt, auch wichtig ist, zu unterlaufen.

Dieses Herumwandern darf nie als Herumschnüffeln wirken! Ein Nachteil kann es werden, wenn gewisse Mitarbeiter in diesem Zusammenhang versuchen, eigene Politik zu betreiben, und damit wären wir beim umfunktionierten oder missbrauchten Chef.

## 14.6 Der umfunktionierte Chef

Es gibt Mitarbeiter, die eine Meisterschaft entwickelt haben, an der Hierarchie vorbei scheinbare Tatbestände zu schaffen, aus denen sie eigene Vorteile ziehen wollen. Zwischen Tür und Angel werden belanglose Fragen gestellt, auf die jeder Chef in guten Treuen nur so antworten kann, wie es der Mitarbeiter wünscht.

Dass dabei der Gesamtzusammenhang unterschlagen wird, kann der Gefragte nicht wissen. Später werden die Antworten dann zu neuen Beschlüssen des Chefs umgedeutet, die auf normalem Wege nie zu Stande gekommen wären und vor allem helfen, unbequeme Weisungen außer Kraft zu setzen.

Ich erinnere mich in diesem Zusammenhang an einen solchen Vorgang im Rahmen einer meiner früheren Tätigkeiten, bei der ein Mitarbeiter eine Lizenz für ein Produkt, das es gar nicht gab, nach Brasilien verkaufte. Diese Art der Ausnützung von anfassbaren Chefs ist unfair und unkollegial. Des Öfteren hörte ich erst viel später, was ich angeblich alles angeordnet oder bewilligt hatte.

Der erfolgreiche Chef tut gut daran, solche Versuche der Instrumentalisierung sofort zu unterbinden und auf das übliche Prozedere und den hierarchischen Weg zu verweisen.

## 14.7 Motoren

Alle, die direkt für eine Zielerreichung verantwortlich sind, stehen dauernd vor scheinbar widersprüchlichen Anforderungen. Einerseits sind sie, jeder an seinem Ort, die Motoren des Fortschrittes. Von Führungskräften kann nicht nur erwartet werden, dass sie tun, was man ihnen sagt, sondern dass sie dauernd, wieder jeder für seinen Bereich, innovative Impulse entwickeln, um ständig noch besser zu werden.

Die Summe all dieser Impulse muss letztlich die Kraft ergeben, die eine Firma antreibt. Es sind nicht nur «die da oben», die für den Fortschritt verantwortlich sind, sondern alle. Nun geht es nicht nur darum, ständig Impulse auszulösen, sondern auch darum, diese in höchstem Maße professionell umzusetzen. In einer Zeit, wo nur die Veränderung das einzig Sichere ist, wo sich alles bewegt, ist dies gar nicht so einfach.

Jeder Mensch hat in sich eine Art Energiezentrale. Wenn diese richtig angesteuert wird, kann er seine Kräfte multiplizieren, ohne Ermüdungserscheinungen zu zeigen. Das Stichwort dazu heißt «Motivation». Dies ist die zweite wichtige Aufgabe von Führungskräften, nämlich die anvertrauten Mitarbeiter auf alle Arten zu motivieren.

In der Frage der Motivation sind noch andere Elemente angesiedelt. Einer ist in unseren Führungsgrundsätzen (Seite 49 ff.) verankert: Achtung vor der Persönlichkeit des anderen. Wer diesen Führungsgrundsatz beherzigt, findet auch einen Weg, Mitarbeitern einen Weg zur motivierenden Arbeit zu weisen.

Damit geht die Frage nach der höheren Qualität der Arbeit und nach der Behandlung von Fehlern einher. Bezüglich Professionalität ist in vielen Unternehmen (auch bei StarragHeckert) noch viel auszusetzen: Briefe, die mit Schreibfehlern versehen sind, Antworten, die verzögert werden, Informationen, die nicht genügend verbreitet werden, unzweckmässige Arbeitsorganisationen, Wartezeiten etc. Zu verbreitet ist überall der «Tunnelblick», welcher den Blick auf den Gesamtzusammenhang verstellt und höchstens zu suboptimalen und damit unprofessionellen Lösungen führt. Höchste Professionalität bedeutet unablässiges Bemühen. Nur so kann sich ein Unternehmen in der Welt das Image einer Edelmarke erwerben.

Aber wie kommt man dorthin? In diesem Zusammenhang möchte ich noch einmal auf einen bereits gebrauchten Begriff zu sprechen kommen, denjenigen der «Fehlerkultur». «Fehler müssen sein», sagt der Volksmund, und Recht hat er. Aber zum einen ist ein Unternehmen nicht dazu da, Fehler zu machen (Der Kunde wird sie uns bös zahlen lassen!), und zum anderen haben Fehler im besten Fall dann ihre Berechtigung, wenn aus ihnen Lehren gezogen werden. Daraus können wir ableiten: Nur wenn man in einem Lernprozess Fehler erlaubt, kann ein Fortschritt möglich werden. Die oben beschriebene Dynamik zur Steigerung der Professionalität kann nur durch einen dauernden Lernprozess aufrechterhalten werden.

Zu einer richtig verstandenen Fehlerkultur gehört, dass Menschen durch von ihnen verursachte Fehler nicht beschädigt werden dürfen, sonst lernen sie nichts daraus. Durch das Lernen aus Fehlern entsteht letztlich der Glaube an das eigene Können und damit wieder die Professionalität, die uns im Wettbewerb auszeichnen soll.

Und wenn wir gerade dabei sind, soll auch darauf hingewiesen werden, dass dieser Prozess des Lernens aus Fehlern den Einzelnen und das Unternehmen insgesamt nur dann voranbringt, wenn die Firmenkultur es zulässt, dass offen und klar darüber gesprochen wird. Fehler sind nichts Abstraktes, sondern Resultate konkreten Fehlverhaltens; also dürfen auch Ross und Reiter genannt werden.

Und in diesem Zusammenhang darf schon einmal die Entlassung einer der wichtigsten Mitarbeiter ausgesprochen werden. Sein Name ist «man». Er hat bisher alles das getan, was wir, jeder an seinem Ort, eigentlich hätten selber tun sollen. Künftig tut «man» bei uns überhaupt nichts mehr, jeder tut es gleich selber. Damit erkläre ich den Ausdruck «man sollte» zum Unwort des Jahres.

## 14.8 Teamarbeit

Wir arbeiten in unserer Gruppe vielfach in bereichsübergreifenden Teams. In so genannten «Steuerungskomitees» werden permanente Koordinationsaufgaben zwischen den beiden Standorten Chemnitz und Rorschacherberg wahrgenommen. In diese werden, im Sinne einer Matrixorganisation, letztlich Gruppenführungsaufgaben delegiert. In «Arbeitsgruppen» werden fallweise Aufgaben mit klar definiertem Anfangs- und Endtermin gelöst. Solche Gremien haben zwei Vorteile:

- Erstens erlauben sie die Erfassung des Fachwissens aller Stufen (Wissensmanagement).
- Zweitens, noch wichtiger, findet in ihnen eine nicht nur bereichsübergreifende, sondern auch standortübergreifende formelle und informelle Kommunikation statt.

Allerdings gibt es Stimmen, die meinen, wir würden zu viel des Guten tun, was solche Teams betrifft. Die Teilnehmer würden nur von ihrer eigentlichen Arbeit abgehalten.

Trotz des schönen Namens müssen Teams nicht immer demokratisch funktionieren. Der Chef ist für eine straff geführte Diskussion und damit für das Zeitmanagement verantwortlich. Er sorgt für möglichst vollständige Erfassung aller Kenntnisse.

Alle Mitglieder sind, ebenfalls wieder im Sinne des Zeitmanagements, für eine gute gedankliche und materielle Vorbereitung der Sitzungen zuständig.

Das Team stellt also eine möglichst umfassende Sicht der Dinge sicher und komprimiert diese in einfachen Aussagen und Anträgen an den Auftraggeber. Wenn nicht sofort Übereinstimmung über die Schlussfolgerungen (Anträge) erzielt wird, bespricht sich der Teamchef mit dem Auftraggeber, und dieser fällt anschließend die Entscheidung.

Es kann aber auch sein, dass die Diskussion zeigt, dass der Auftrag nicht sinnvoll oder keine Lösung möglich ist. In diesem Fall sollte nicht Zeit verloren, sondern mit dem Auftraggeber Kontakt aufgenommen werden. Dieser beendet entweder den Auftrag oder ändert ihn ab.

## 14.9 Wenn Sand im Getriebe ist

Motivation ist wichtig, haben wir herausgefunden. Aber: Es ist nicht möglich, ständig, in allen Bereichen und zu allen Zeiten, die Motivation auf höchstem Niveau zu halten. Für die Motivation sind vor allem die Führungskräfte verantwortlich – aber: Führungskräfte sind auch nur Menschen, auch sie haben gelegentlich mal Durchhänger, aus welchen Gründen auch immer. Eine gesunde und aktive Organisation sollte solche Situationen überstehen. Wenn die Mitarbeiter aller Stufen zur Selbstständigkeit erzogen worden sind, überbrücken sie solche automatisch. «In der Not macht der Tüchtige sich selbst zum Führer!» (aus einem alten Dienstreglement der Schweizer Armee).

Es gibt aber auch Situationen, wo Demotivation wie kalter Nebel durch die Landschaft schleicht. Ein Auslöser ist kaum auszumachen; plötzlich türmen sich Probleme, Erfolgserlebnisse bleiben aus, kein Mensch weiß, was wirklich los ist.

Gleichzeitig beginnen auch noch Kunden, Druck zu machen, und nichts geht mehr. Sicher ist es wichtig, zuerst die Fehler bei sich selber zu suchen. Wenn wir uns nicht beherrschen, so beginnen wir uns plötzlich gegenseitig Vorwürfe zu machen. Allzu lange sollte man sich aber nicht dabei aufhalten, vielleicht liegen ja die Fehler an Orten, für die niemand etwas kann, vielleicht einfach bei einer Häufung unangenehmer externer Ereignisse politischer oder wirtschaftlicher Art. Vielleicht ist es nur das Wetter, oder es sind zu wenige Aufträge eingegangen oder eine Kombination von allem.

In diesen Augenblicken kann es manchmal sogar sinnvoll sein, nicht permanent nach den Ursachen zu suchen, sondern sich gleich den Lösungen zuzuwenden.

In solchen nervösen Zeiten, die sich immer wieder ab und zu einstellen können und wahrscheinlich auch die Konkurrenz erfassen, ist vor allem wichtig, dass die Führungskräfte

- die Situation erkennen,
- Ruhe bewahren und sich nicht provozieren lassen,
- eine Problemliste aufnehmen und Wichtiges von Unwichtigem unterscheiden,
- Prioritäten umso höher setzen, je mehr sie den Kunden betreffen,
- vermehrt kommunizieren und Führungspräsenz zeigen («prise en main», wie unser Divisionär sagen würde).

Und: Plötzlich ist der Spuk vorbei!

## 14.10 Das System austricksen

Das folgende Thema scheint auf den ersten Blick dem Inhalt des gesamten Buches zu widersprechen. Wieso soll man das System austricksen? Ein Unternehmen hat seine Strukturen, Formen und Mechanismen, die es zu dem machen, was es ist: ein erfolgsorientiertes Unternehmen.

Der Grund ist einfach: Selbst ein System, das dank seiner Struktur zweifellos zum Erfolg beiträgt, hat seine Schwächen. Die begrenzenden Möglichkeiten ergeben sich durch «Dienst nach Vorschrift», penibles Arbeiten nur im eigenen Bereich (eben nach System) etc. Doch viele Erfolge, die größere Unternehmen erzielen, gehen auf Vorgehensweisen zurück, mit denen bestehende Prozesse «ausgetrickst» wurden. Für StarragHeckert lässt sich sagen, dass viele Ziele erreicht wurden, weil wir Arbeitsgruppen ernannten, welche so quer in der Hierarchie lagen, dass dadurch Personen zusammenarbeiten mussten, die sonst nie zusammengearbeitet hätten.

Eine andere Methode ist es, Ziele vorzugeben, die zunächst jenseits aller Möglichkeiten liegen, Ziele, bei deren Erreichung aber jeder sofort sieht, dass damit ein Durchbruch möglich würde. Mit der Aufforderung, das System auszutricksen, wurde sozusagen grünes Licht gegeben, quer zu denken.

Bei sinnvollem Vorgehen werden auf diese Weise nicht einfach die Hierarchien außer Kraft gesetzt, sondern geplant und kurzzeitig Informationsströme kurzgeschlossen. Allein schon die Aufforderung, das «System auszutricksen», wirkt mitunter befreiend auf die Beauftragten.

## 14.11 Entscheide schnell!

Wie ein roter Faden zieht sich diese Maxime durch dieses Buch, in den Führungsgrundsätzen (Kap. 5.1, Seite 49 ff.), bei der 48-Stundenregel (Kap. 11, Seite 91 ff.), aber auch beim «Erlediger» (Kap. 18, Seite 141 ff.) oder beim «Ärgerminimierer» (Kap. 10, Seite 85 ff.).

Entscheide schnell! Stimmt das immer? Nein, es gibt Entscheidungen, die gelegentlich gefällt werden müssen, die sich gar nicht sofort aufdrängen und durch das Hinauszögern der Entscheidung nur noch besser werden. Im Weiteren gibt es solche, die eine sorgfältige Abklärung zulassen, weil ohnehin schon einiges «angebrannt» ist (Regel zwei unseres Divisionärs, Kap. 10, Seite 87).

Entscheiden können ist zweifelsohne eine Begabung, jedoch eine, die man trainieren kann. Wer aus Furcht, einen Fehler zu machen, Hemmungen hat, zu entscheiden, dem kann man diese durch eine Fehlerkultur nehmen (Kap. 14.7, Seite 114 ff.). Wer nicht entscheiden kann, weil er keine Lösung sieht, hat offenbar Mühe bei der Erarbeitung der Ausgangslage (Kap. 4.1, Seite 43 f.). Der «Oberobersachbearbeiter» (Kap. 4.2, Seite 44 ff. oder 12.2, Seite 97 ff.) kann sich nicht entscheiden zu delegieren.

In der Überraschung, als Kriterium für eine gute Strategie (Kap. 3.5, Seite 36 ff.), liegt das Element schneller Entscheidung, der Zeitfaktor also. Durch schnelle Entscheidungen Zeit gewinnen, Zeit als strategische Ressource (Kap. 2.3, Seite 22). Zeit ist Geld! Der Chef, welcher nicht oder zu langsam entscheidet, verliert die Zeit seiner Untergebenen (Kap. 3.4, Seite 34 f.).

Es gibt viele Bücher über Entscheidungstheorien. Ebenso hat man versucht, mit Computersimulationen (Kap. 9.3, Seite 82 ff.) den Entscheidungsvorgang transparent, das heißt lernbar zu machen. Nachdem aber der Zeitfaktor so wichtig ist, wird klar, dass man in der Unternehmenspraxis nie Entscheidungssituationen haben wird, bei denen alle Entscheidungselemente vollständig vorliegen. Entscheiden mit unvollständigen Grundlagen ist die Regel, nicht die Ausnahme. In dieser Lage hilft nur eines:

Intuition. Intuition ist eine Begabung, welche durch Erfahrung geschärft werden kann.

Keine Entscheidungssituation ist gleich wie die andere. Es gibt Entscheidungen, bei denen eine maximale Lösung angestrebt werden muss und solche, bei denen es um das Optimum geht. Es gibt Entscheidungssituationen, da gibt es nur eine schlechte oder eine sehr schlechte Lösung (Lose-Lose-Situation). Es gibt zum vornherein keine Sieger, nur Verlierer. Die Angst, die schlechte Lösung wählen zu müssen, für welche man so oder so Prügel bekommt, führt dann oft zur Nichtentscheidung. Dies ist dann in der Regel nicht die schlechte und auch nicht die sehr schlechte, sondern die katastrophale Lösung.

## 15. Das Unmögliche möglich machen oder: Vom Schießen auf bewegliche Ziele

Ein Schütze beginnt sein Training mit Übungen in einem festen Schießstand. Dabei geht es um die Handhabung der Waffe, den ruhigen Zielvorgang und die saubere Schussabgabe. Zur Erleichterung gibt man ihm eine möglichst bequeme Position (Plattform) und stellt das Ziel in einer klar definierten Distanz auf. Dieses ist außerdem unbeweglich und optisch gut sichtbar. Die meisten Schützen erreichen nur unter diesen Bedingungen gute Leistungen.

Viele Mitarbeiter sind erzogen worden, nur unter solchen statischen Voraussetzungen ihre Arbeit effizient zu leisten. Geistige Unbeweglichkeit verunmöglicht es ihnen, an mehr zu denken. Noch in naher Vergangenheit konnte man auf diese Weise sogar gar nicht schlecht leben. In westlichen Märkten stiegen die Volumina dauernd und beträchtlich, sodass auch träge Unternehmen überleben konnten. Im früheren Umfeld der Heckert war ohnehin alles geplant, sodass der Einzelne nur sorgfältig tun musste, was man ihm sagte.

Die Rückschauen, zum Beispiel im Fernsehen, haben es dokumentiert: Spätestens seit dem Jahr 2001 ist nichts mehr wie früher. Die Struktur der Kunden (unser Ziel, deren Bedürfnisse zu treffen) ist, nicht plötzlich, aber nun für jedermann ersichtlich, stark in Bewegung geraten.

Wenn ein Unternehmen die erste Wertvorstellung (der Kunde, unser wichtigster Partner, Seite 71) richtig lebt, muss es zur Kenntnis nehmen, dass sich auch der Kunde in seinem eigenen Umfeld stark bewegen muss, um überleben zu können. Seine Distanz zu uns verändert sich dauernd, er zeigt uns immer wieder ein anderes Profil und gelegentlich ist er (sind seine Bedürfnisse) nicht mehr einfach zu erkennen. Er bewegt sich nicht aus Jux und Tollerei, sondern weil er muss. Er kann dabei auf uns keine Rücksicht nehmen und erwartet, dass wir uns ihm anpassen.

An diesem Bild lässt sich erkennen, dass sich die Kundenbeziehung heute durch eine neue Qualität auszeichnen muss. Der Kunde ist keine fixe Größe mehr, sondern ein wandlungsfähiger Gesell, dessen Bedürfnisse es zu treffen gilt – das bewegliche Ziel. Das hat Konsequenzen, nicht nur für das Marketing, sondern für das ganze Unternehmen.

Nun ist jeder Mitarbeiter immer Dienstleister und Kunde zugleich. Er muss einem Kunden dienen und ist selber seinerseits auch wieder Kunde eines Dienstleisters. Der Vertrieb dient dem Endabnehmer, er braucht aber eine zeitlich klar definierte Zuarbeit der Produktion und der Technik.

Die Produktion ihrerseits braucht die Unterstützung der Logistik und der Technik. Die Technik braucht Marktinformationen und klare strategische Vorgaben der Unternehmensleitung etc. Unsere Ziele sind *auf allen Stufen* beweglich geworden. Sie jederzeit zuverlässlich zu treffen, braucht eine neue Einstellung. Viele schieben noch allzu oft den berühmten «man» vor (Kap. 14.7, Seite 114 ff.), um ihren eigenen Seelenfrieden zu bewahren.

Wenn ein Hund eine fliehende Katze verfolgt, so läuft er ihr in einer so genannten «Hundekurve» nach, das heißt, er läuft zu jeder Zeit in diejenige Richtung, in die sie gerade rennt. Abgesehen davon, dass die Katze ihm nicht den Gefallen tut, einen vorhersehbaren Fluchtweg zu wählen, ist die Hundekurve immer der längere Weg.

Unsere Ziele (Kunden) bewegen sich innerhalb relevanter Zeitabschnitte bei genauerer Beobachtung einigermaßen logisch. Deshalb kann die Hundekurve durch Vorausdenken verkürzt werden, Schützen nennen dies «vorhalten». Noch nie ist der Leitspruch «das Unmögliche möglich machen» so entscheidend gewesen. Wenn ein Kunde eine Maschine in vier Monaten haben muss, obwohl wir sie normalerweise erst in acht Monaten liefern können, scheint diese Lieferung zwar unmöglich, muss aber möglich gemacht werden. Den Kunden für das Unmögliche verantwortlich zu machen, nur weil wir sein Bedürfnis nicht früher erkannt (nicht «vorgehalten») haben, bringt nichts. Und: Selbst wenn etwas sofort total unmöglich scheint, gilt stets noch die alte Verhandlungsweisheit: Nein sagt man erst ganz am Schluss.

Dies ist aber noch nicht alles. Zu allem Überfluss bewegen sich nicht nur unsere Ziele, sondern auch unsere eigenen Strukturen und Möglichkeiten, das heißt unsere eigene Plattform! Diese Veränderungen entstehen durch das Wettbewerbsumfeld, Veränderungen der politischen und sozialen Verhältnisse oder durch neue technologische Möglichkeiten.

Schießen auf bewegliche Ziele von beweglichen Plattformen aus ist also unsere Aufgabe. Wehrtechnische Systeme etwa setzen zu diesem Zweck stark computerisierte Feuerleitanlagen ein, denn mit den motorischen und geistigen Fähigkeiten von Menschen allein ließe sich diese Aufgabe kaum bewältigen. Auch wir setzen als Entscheidungshilfen in allen Bereichen umfangreiche Rechnerkapazitäten ein.

Das Konstante, das ist die Notwendigkeit des engen Kontaktes zum Kunden; die bleibende Variable ist der Weg zwischen seinen Wünschen und unseren Möglichkeiten.

Und schließlich gilt das alte indianische Sprichwort: «Ein schlafender Indianer ist kein Indianer, ein gewarnter Indianer aber zwei!»

Schießen auf bewegliche Ziele heißt nicht nur Tontaubenschießen, es heißt in jedem Tätigkeitsbereich unserer Unternehmung etwas anderes, nämlich:

- Sich nicht überraschen lassen,
- vorausschauen,
- die Bewegungen des Zieles voraussehen,
- den Kräfteeinsatz planen, um im entscheidenden Augenblick das Unmögliche möglich zu machen.

## 16. Wir sind alle «Ausländer»

Ich habe mir kürzlich von den Personalabteilungen eine Zusammenstellung machen lassen, aus der ersichtlich wird, wie viele Nationalitäten unsere Gruppe beschäftigt und wie viele Sprachen bei uns gesprochen werden: Die Mitarbeiterschaft von StarragHeckert umfasst 20 verschiedene Pässe und 17 verschiedene Muttersprachen! Im Geschäftsverkehr könnten wir in mindestens acht Sprachen korrespondieren. Allein im Stammhaus Rorschacherberg beträgt der «Ausländeranteil» 27,8 Prozent, worauf wir besonders stolz sind. Ich schreibe «Ausländer» bewusst in Anführungszeichen. Bei uns ist jeder ein «Ausländer» oder keiner. Jeder ist ein «Ausländer», wenn er, wie viele von uns, Grenzen überschreitet, um die Schwestergesellschaft zu besuchen oder in der weiten Welt Geschäfte tätigt. Keiner ist ein «Ausländer», wir sind überall zu Hause und fühlen uns wohl. StarragHeckert, ein Vielvölkerstaat! Multinationalismus als Erfolgsformel!

Das Zusammenleben hat bei uns Tradition: In der Schweiz leben seit mehr als hundert Jahren immer wieder gegen 20 Prozent «Ausländer». Derzeit sind es 19,7 Prozent, Asylsuchende nicht inbegriffen. Die Stadt Rorschach hat den höchsten «Ausländeranteil» (41,5 Prozent) aller Schweizer Städte. Der Gründer der Starrag, Henry Levy, war ein «Ausländer», er stammte aus dem Elsass. Die so genannte «Euregio Bodensee-Ost», der Wirtschaftsraum, der Teile von Baden-Württemberg, Bayern, der Ostschweiz, des Vorarlberg und Liechtenstein umfasst, nennt man nicht umsonst gelegentlich das «Fünfländereck». In diesem Raume war die wirtschaftliche Zusammenarbeit über Jahrhunderte hinweg, und fast unbeeinträchtigt von politischen Entwicklungen, stets besonders eng. Die verwandtschaftlichen Beziehungen über die fünf Ländergrenzen hinweg bezeugen dies zusätzlich.

Wenn also in der Schweiz, trotz dauernden Einbürgerungen, stets fast 20 Prozent «Ausländer» wohnen, so heißt dies, dass jeder Schweizer mindestens einen Großelternteil hat, der eingewandert ist.

Andererseits sind auch viele Schweizer immer wieder ausgewandert. Auch meine Großeltern mütterlicherseits waren «Ausländer». Mein Großvater arbeitete als Eisenbahningenieur in vielen Ländern, und dies ohne Pass. Heute würde man sagen, er war ein «Sanspapier», ein «Papierloser», aber das waren vor dem Ersten Weltkrieg fast alle. Als 1914 der Erste Weltkrieg ausbrach, weilte er gerade auf der italienischen Seite des Simplontunnels, seine Familie auf der schweizerischen. Um einer Einberufung in die italienische Armee zu entgehen, musste er bei Nacht und Nebel über die Berge in die Schweiz fliehen. Er hat sich dann in einem kleinen Walliser Bergdorf einen Schweizerpass gekauft, für damals fünfzig Franken, und weil er Ingenieur war, musste er noch ein Gratisprojekt für eine Wasserleitung dazulegen. Da soll noch jemand sagen, es sei schwirig, Schweizer zu werden!

Warum ich dies alles erzähle? Wenn wir unsere strategische Zielsetzung erreichen wollen, müssen wir unseren Exportanteil in den nächsten Jahren vervielfachen. Wenn wir dabei immer wieder bereit sind, «Ausländer» zu sein, wird es uns leichter fallen, Grenzen zu überschreiten und uns gegenseitig zuzuhören. «Ausländer» in diesem Sinne haben mehr Kraft, als Stubenhocker. Aus diesem Grunde fördern wir Sprachaufenthalte aller Art und haben nicht zuletzt in diesen Tagen für die beiden Standorte, Chemnitz und Rorschacherberg, ein Lehrlingsaustauschprogramm initiiert.

Dieser kleine Exkurs ist zwar kein militärischer, aber er ist hoffentlich ein plausibler Nachweis, weswegen eine Ausgrenzung von «Ausländern» in einer globalisierten Wirtschaft für uns schädlich ist.

# 17. Interkulturelle Kompetenz

## 17.1 Das Problem des Verständnisses

Mit diesem Begriff ist die Fähigkeit gemeint, über kulturelle Unterschiede hinweg richtig, das heißt vollständig zu kommunizieren. Kulturelle Kompetenz ist für international tätige Firmen überlebenswichtig.

Im praktischen Leben heißt dies, über Sprachgrenzen hinweg zu kommunizieren. Worin besteht denn die Schwierigkeit?

Nehmen wir an, die Herren Alpha und Beta haben ein gemeinsames Problem. Beide kommunizieren in Englisch, der internationalen Geschäftssprache, die aber nicht die Muttersprache der beiden ist. Nur sehr wenige Menschen beherrschen Englisch als zweite Sprache gleich gut wie die Muttersprache. Ein Übertragungsfaktor von 0,8 ist schon gut.

Stellen wir uns also vor: Herr Alpha möchte Herrn Beta etwas fragen, wie gesagt, nicht in einer Muttersprache der beiden. Bei Beta kommt die Frage noch mit einer Genauigkeit von 64 Prozent an, das heißt schon recht konfus. Für die Art, wie die Kommunikation nun weitergehen kann, gibt es verschiedene Möglichkeiten.

- *Variante A:* Beta ist ein Mensch mit einem kulturellen Überlegenheitsgefühl. Er wird also spontan nicht davon ausgehen, dass die konfuse Frage das Resultat eines natürlichen Übertragungsfehlers ist, sondern dass Herr Alpha offensichtlich nicht weiß, wovon er redet, also von Tuten und Blasen keine Ahnung hat. Im schlimmsten Fall wird er nach dem Motto, eine dumme Frage bedürfe einer dummen Antwort, eine solche zurückgeben. Diese kommt nochmals um den Faktor 0,64 verstümmelt bei Alpha an, womit die Unterhaltung wahrscheinlich zu Ende ist. Wir alle haben genügend derartige Kommunikationskatastrophen erlebt.
- *Variante B:* (Im Alltag wahrscheinlich der häufigste Fall.) Beta ist zwar nicht arrogant, aber er getraut sich nicht, durch Rückfragen einzugestehen, dass er Herrn Alpha nicht vollständig verstanden hat; Alpha könnte ihn ja für dumm halten. Also tut er so, als ob er begriffen hätte und versucht, so gut wie möglich zu antworten. Bei Alpha kommt schon eine bessere Rückmeldung an, aber immer noch keine brauchbare. Wenn sich Alpha nun ebenfalls scheut, mit einer Verständnisfrage Abklärungsarbeit zu leisten, weil auch er sich keine Blöße geben will, wird die Fortsetzung der Konversation sehr mühsam. Probleme werden kaum gelöst, und es vergeht viel mehr Zeit, als wenn man nach Variante C vorgeht.
- *Variante C:* Herr Beta scheut sich nicht, so lange den Sachverhalt zu hinterfragen, bis er sicher ist, alles verstanden zu haben und entsprechende Rückmeldungen bekommt. Alpha handelt ebenso. Auf diese Weise geht

zwar vordergründig Zeit verloren (Kap. 14.1, Seite 105 ff.), aber es entsteht in jeder Beziehung eine Win-Win-Situation.

Es gibt Kulturen, in denen ist es unhöflich und damit unmöglich, einfach Nein zu sagen. Wer dies weiß, stellt seine Frage so, dass der Partner stets mit Ja antworten kann. Wenn man jedoch ultimativ ein Ja oder ein Nein hören will, kann es passieren, dass man ein Ja zu hören bekommt, obwohl die Antwort in unserer Kultur ganz klar Nein hätte heißen müssen. Die Folgen sind nahe liegend.

Und schließlich: Selbst wenn sprachlich alles lupenrein klar scheint, bleibt über die Kulturgrenzen hinweg immer noch sehr vieles der intuitiven Interpretation überlassen. Das hat nur zum Teil damit zu tun, dass gleiche Wörter oft ungleiche Bedeutungen haben. Oft spielt auch das unmessbare Temperament oder nonverbale Aussagen eine Rolle. Auf die Frage, wie es ihm geht, antwortet der Amerikaner mit «great» (also großartig), der Schweizer mit «es geht» (könnte besser gehen). Nur unter Einbezug kultureller Erfahrungen weiß man, ob es beiden im Grunde genommen genau gleich gut oder gleich schlecht geht.

## 17.2 Verhandlung führen in Asien I

Über chinesisches Essen kann man verschiedene Ansichten haben, doch von chinesischen Managementprinzipien sollte man lernen. Immerhin haben es diese erlaubt, einen geschichtlichen Rekord aufzuweisen, was Dauer und Größe eines Staatsgebildes betrifft. In unserer Zeit erleben wir den nachhaltigsten wirtschaftlichen Aufschwung dieses Wirtschaftsraumes.

Leider gibt es noch keine echt chinesische Managementliteratur. China verliert im Moment noch zu viel Zeit mit dem Kopieren westlicher Prinzipien. Bei uns werden gelegentlich chinesische Klassiker zitiert. Aber außer, dass man sich mit dem Hinweis auf diese als belesener Philosoph profilieren kann, hilft dies nicht weiter. Moderne Menschenführung hat mit Philosophie wenig, mit dem Hier und Heute jedoch viel zu tun.

Anlässlich eines kürzlichen Treffens begann unser chinesischer Partner die Darlegung der Tagesordnung mit der Bemerkung, er wisse schon, dass man im Westen eine Verhandlung stets mit der Besprechung der wichtigsten Punkte beginne. In China sei dies umgekehrt, zunächst erledige man das Unwichtige und dann das Wichtige.

Wie viel besser diese Einstellung ist, ergibt sich aus der Überlegung, dass man ohne Stress über unwichtige Dinge «verhandeln» kann, ohne schon eine fixe Position einnehmen zu müssen und dabei den Partner besser kennen lernen und Vertrauen schaffen kann. Vertrauen führt zu besseren Resultaten, wenn es dann am Ende wirklich ums «Eingemachte» geht. Auch das Danach, also die Umsetzung der Vereinbarungen, wird so einfacher.

Sobald eine Führungskraft im Außenverhältnis tätig sein muss, gewinnt die Fähigkeit zu verhandeln zunehmend an Bedeutung. Dabei geht es um grundsätzlich verschiedene Arten.

Da ist zunächst die Verhandlung, bei welcher es um

einen ganz kurzfristigen Erfolg geht, hier und heute, messbar und zunächst ohne Danach. Ein Ziel wird erreicht oder eben nicht.

Mit Schmunzeln erinnere ich mich an Telefongespräche, deren Zeuge ich war, und bei denen einer unserer begabtesten Verkaufsingenieure mit Kunden verhandelte. Was sich dabei jeweils abspielte, kann nur mit einem Klavierkonzert verglichen werden. Einmalig, wie er in die Tasten griff, Variationen von feinem Piano über stilvolle Akkorde spielte, von Zeit zu Zeit anschwellend zu Fortissimopassagen! Die Grundmelodie war immer dieselbe, diejenige des ehrlichen Maklers, der dem Kunden Gutes tun will, aber, je nach Fall, angeblich einen garstigen Chef im Nacken hat. Natürlich hat unser Mann nie alle Aufträge an Land gezogen. Wenn aber preislich oder technisch nichts mehr zu machen war, hat es dem Kunden hinterher wenigstens aufrichtig Leid getan, und man verblieb in Freundschaft. Aber eigentlich hat dieses Beispiel bereits ein Danach. Mit seinen Anweisungen, die in keinem Lehrbuch stehen, hat er viele Nachwuchskräfte geschult und dafür gesorgt, dass auch sie später immer wieder offene Türen bei ihren Verhandlungspartnern fanden.

Auf das Danach spielt auch das geflügelte Wort an, dass man sich im Leben immer zweimal sieht. Unvergesslich ist für mich auch die Freude dieses Mitarbeiters, wenn er erfolgreich war. Obwohl er in seinem Leben schon sehr viele Maschinen verkauft hatte, tönten seine Erfolgsmeldungen jedes Mal mindestens so begeistert wie diejenigen des Radioreporters, welcher am Endspiel der Fussball-WM ein Tor seiner Mannschaft verkünden kann.

Ich habe selbst viele Verhandlungen geführt, wobei es immer nur um das Danach ging, obwohl es sich zunächst vordergründig darum zu handeln schien, knallhart Konditionen festzuzurren, auf die man nie mehr würde zurückkommen können. In den Augen von ausgebufften Verhandlern war ich dabei möglicherweise nicht immer in allen Teilen clever. Zwar habe ich die Fantasie, jeweils an die entscheidenden Dinge zu denken. Die Erfahrung hat mich aber gelehrt, dass man mit Forderungen den Partner nie in eine Ecke drängen sollte. Er muss auch seine Erfolgserlebnisse haben, und gewisse Dinge kann man dabei ruhig vage halten, wissend, dass das wahre Leben später vieles schon ins rechte Licht rücken wird, wenn der gute Geist der Zusammenarbeit erhalten bleibt.

Dieser gute Geist kann unter Umständen schon zerstört werden, bevor er eine Chance hatte zu wehen, dann nämlich, wenn sich der Partner zu sehr festgenagelt fühlt. Meine erfolgreichsten Verträge waren solche, bei welchen mich klein karierte Berater vorher vor ungenauen oder offen gelassenen Punkten oder vor zu großen Konzessionen warnten, aber obige Großzügigkeit herrschte.

Übrigens: Verträge können immer wieder geändert werden, und nochmals: Nein sagt man erst ganz am Schluss.

## 17.3 Verhandlung führen in Asien II

In Fällen, wo es abschließend kein Danach gab, habe ich mich meist als schlechter Verhandler erwiesen. Ich erinnere mich dabei an Episoden in China, wo es an bestimmten Orten Textil- und Ledermärkte gibt. Zwar konnte auch ich für europäische Verhältnisse noch sensationelle Preise erzielen, wobei jedoch ein weibliches Mitglied unseres Managements, Frau S., nochmals zwei Drittel davon herunterhandelte. «Franz, Du kannst nicht verhandeln, überlass das mir!», sagte sie jeweils, und dabei spielte sich dann in der Regel Folgendes ab:

Regieanweisung: Wenn mir beispielsweise ein Pullover besonders gefiel, ließen wir uns jeweils den «best price» nennen. Da dieser sicher dreimal zu hoch war, musste sofort weggelaufen werden. Der Verkäufer witterte jedoch ein Geschäft und lief uns hinterher, um nach unserer Preisvorstellung zu fragen.
    S: «Mach ja ein ernstes Gesicht!» Dann nannte sie einen Preis, welcher ca. zehn Prozent des ersten darstellte.
    Händler: «You are crazy!»
    S: «What is your best price?»
    Händler: Nennt Preis.
    S: «You are crazy!» und: «Franz, lauf weg!»

Regieanweisung: Betschon läuft zehn Meter weiter und wartet.
    Wenn S. längere Zeit nicht mehr kam, musste ich jeweils wieder zurück und so tun, als ob ich sie suchen würde. Unter Umständen musste mehrmals weggelaufen werden.

So konnte ich dann die Endphase der Verhandlung miterleben, in welcher die Preise des Händlers buchstäblich zertrümmert wurden bis zum «very, very best price» von Frau S. Der Preis ging oft über die Quantität, und so mussten wir gelegentlich, des guten Preises wegen, Socken oder Krawatten für 30 Mann kaufen. Mit der Zeit lernte ich auch, was es heißt, dabei ein ernstes Gesicht zu machen. Zuerst dachte ich, es würde genügen, mir dabei vorzustellen, ich hätte eine schwere Darmgrippe. Heute weiß ich, dass kein leidendes Gesicht gefragt ist, sondern ein entsetztes. Das Gesicht von Frau S. war, wenn der Händler seinen Preis nannte, wie wenn sie soeben gehört hätte, dass ihr Haus abgebrannt sei oder sie an der Börse ein Vermögen verloren hätte oder beides zusammen. Da mir beides noch nie passiert ist, kann ich mir dies nicht vorstellen, und deshalb bin ich in solchen Fällen ein schlechter Verhandler.

Auch im Geschäftsalltag gibt es Dinge, welche die Männer besser den Frauen überlassen!

Und außerdem: Jede Verhandlung hat ihre Kulminationsphase. Wer vorher zum Resultat kommen will, erreicht nicht das, was mit mehr Geduld herauszuholen gewesen wäre. Wer darüber hinaus weiter verhandeln will, tötet den Deal.

Und schließlich: Der Chef verhandelt immer zuletzt. Am besten verhandelt er überhaupt nicht, und wenn schon, dann nur mit einem Partner auf der gleichen hierarchischen Stufe. Sinnvollerweise sollen die Verhandlungen von den untergebenen Spezialisten geführt werden. Sie haben mehr Zeit und Detailkenntnisse.

Zum Abschluss des Deals ist häufig die formelle Anwesenheit des Chefs insofern hilfreich, als dem Verhandlungspartner dadurch Ehre angetan wird. Nie jedoch darf ein

Chef sich bei dieser Gelegenheit hinreißen lassen, letzte Zugeständnisse zu machen, es sei denn, diese seien vorher sauber eingeplant. Ein Chef, der dies ungeplant tut, nur weil er sich wichtig machen will, desavouiert die eigenen Mitarbeiter, die den Deal eingefädelt haben. Beim Verhandlungspartner wird dies in jedem Fall als Schwächezeichen empfunden und verleitet das nächste Mal zu noch weiter gehenden Forderungen.

## 18. Von Erledigern und Liegenlassern

Anlässlich der Übernahme einer neuen militärischen Verantwortung sagte der Kommandant zu seiner Truppe: «Ich weiß, Ihr habt mich nicht selber ausgewählt, aber ich euch auch nicht!» Er meinte damit: Wir sind eine Schicksalsgemeinschaft, für uns zählt nur die beste Erfüllung unserer Pflicht!

Aber: Wenn «Führen» immer auch «Ausbilden» heißt, dann hat letztlich jeder Chef nach einer bestimmten Zeit trotzdem die Mitarbeiter, die er verdient, nämlich die, welche er sich herangebildet hat.

In einem marktwirtschaftlich orientierten Unternehmung gilt auch das Umgekehrte. Jeder Mitarbeiter kann seinen Chef auswählen, entweder indem er versucht, mit diesem ein gutes Verhältnis herzustellen oder aber, indem er sich einen anderen Arbeitsplatz sucht.

Nun gibt es aber solche und andere Mitarbeiter. Es gibt welche, bei denen man genau weiß, dass, wenn man nichts von ihnen hört, alles bestens läuft. Dies sind die klassischen «Macher», die «Erlediger». Sie sehen über ihren Tellerrand hinaus und können so selbstständig veränderte Randbedingungen korrigieren, noch bevor sich diese auf die Zielerreichung auswirken. Sie leisten zuverlässig qualitativ gute Arbeit. Die meisten gehören dazu.

Es gibt aber auch jene, bei denen genau das Gegenteil gilt. Wenn man nichts von ihnen hört, beschleicht einen ein ungutes Gefühl. Beim Nachprüfen stellt man dann tatsächlich fest, dass nicht das geschieht, was hätte geschehen sollen. Es sind im Übrigen gerade diejenigen, welche die 48-Stunden-Regel nicht beachten und sich auch sonst nicht an Termine halten. Sie stellen keine Verständnisfragen, weil es sie eigentlich gar nicht so genau interessiert, was man von ihnen erwartet. Sie müssen stets aufwändig überwacht werden. Es sind die klassischen «Liegenlasser». Sie schaden nicht nur sich, sondern uns allen!

Es gibt Menschen, die belastbar sind. Darunter gibt es solche, die sogar zeitweise überlastet werden können und dabei immer noch zuverlässige Resultate produzieren. Andere sind bis zu einem gewissen Maße belastbar. Wird dieses überschritten, sinkt die Leistung stark ab, vielleicht bis auf null. Ein guter Chef sorgt für die Gesundheit seiner Untergebenen, indem er ein Optimum zwischen den Erfordernissen des Betriebes und der Belastbarkeit der Mitarbeiter sucht. Führen heißt aber auch Fordern. Wenn das mögliche Optimum zu tief ist, muss er handeln.

Eine dritte Kategorie von Mitarbeitern ist häufig in Stabsfunktionen oder selbst als Chef tätig. Es sind diejenigen, welche man nicht für die Zukunftsgestaltung der Unternehmung einsetzen möchte. Sie sind «keine sicheren Werte». Sie gebärden sich sehr geschäftig, sprühen vor Ideen, sagen nie Nein, aber beenden selten eine Arbeit. Dass die Arbeit nicht erledigt wurde, ist oft schwer erkennbar. Gelegentlich wird der erhaltene Auftrag mit so entwaffnenden Argumenten zurückdelegiert, dass sich der Auftraggeber selber blöd vorkommen muss, weil er nach der Erledigung der Arbeit gefragt hat (siehe auch «Der umfunktionierte Chef», Seite 113).

In der Schweiz hatten wir vor einigen Jahren einen Bundesrat (Minister), der, nehmen wir an, M. hieß. In der Satirezeitschrift «Der Nebelspalter» erschien gegen Ende seiner Amtszeit auf der Titelseite die Schlagzeile «Die Leistungen des Bundesrates M., S. 9». Seite 9 entpuppte sich als leeres Blatt.

Menschen, die wenige Ideen für die Zukunftsgestaltung haben, dafür aber die Gegenwart zuverlässig meistern, sind sehr nützlich und notwendig. Sie müssen aber als solche erkennbar sein.

Andererseits muss sich bei uns ja auch irgendjemand um das Morgen und Übermorgen kümmern. Übrigens, «kümmern» wird von «Kummer haben» abgeleitet, das heißt Kummer haben und nicht gut schlafen können, solange eine Arbeit nicht vollständig erledigt ist.

Liebe Führungskräfte aller Stufen, haben Sie die Mitarbeiter, welche Sie wollen und verdienen? Zu welcher Kategorie zählen Sie sich selbst?

# 19. Veränderungsmanagement kontra Krisenmanagement

## 19.1 Führen in Veränderungssituationen

Mit dem Schlagwort «Change Management» wird schon seit längerer Zeit ein Aufheben gemacht, als ob damit eine neue Qualität der Unternehmensführung entdeckt worden wäre. In der zweiten Hälfte des letzten Jahrhunderts gab es zugegebenermaßen eine sehr lange Phase der Hochkonjunktur, die damals zur Überzeugung führte, Rezessionen oder sonstige Veränderungen gehörten der Vergangenheit an. Als dann in den Siebzigerjahren erste Schwierigkeiten auftauchten, glaubte man plötzlich eine neue Disziplin entdeckt zu haben. Jedenfalls liefert das «Change Management» seither Stoff für Bücher und Seminare, ohne dass für den Praktiker ein Neuigkeitswert ersichtlich wäre.

Nennen wir das Unterfangen doch einfach «Führen in Veränderungssituationen». Allerdings wäre es heute angebrachter, gleich von Anfang an von «Krisenmanagement» zu reden, denn heute wären alle froh, wenn sie nur mit klassischen Veränderungssituationen klar kommen müssten. Veränderungsmanagement ist heute Führungsalltag!

## 19.2 Klassische Veränderungssituationen

Betrachten wir der guten Ordnung halber zunächst klassische Situationen, die als größere Veränderungen wahrgenommen werden. Dies könnten sein:
* ein «Turnaround», also das Abfangen einer bedrohlich instabilen Situation und die Überführung in Stabilität,
* eine Verschmelzung von zwei früher getrennten Gebilden mit demzufolge auch unterschiedlichen Kulturen. Nur eine Aneinanderreihung von Firmen zu einer Gruppe gehört nicht dazu,
* und schließlich sind auch Strategieänderungen belastende Vorgänge, welche sauber geplant und umgesetzt werden müssen.

Jede Veränderungssituation hat ihre Eigenarten. Die fünf strategischen Ressourcen (Kap. 2.3, Seite 22) haben jeweils unterschiedliche Bedeutung. Die Tabelle gibt Hinweise, ohne Anspruch auf allzu große Genauigkeit zu erheben.

| Veränderungssituation / Ressourcen | Turnaround | Firmenverschmelzung | Wachstum | Strategieänderung |
|---|---|---|---|---|
| Zeit | **** | *** | *** | **** |
| Human Resources | ** | ***** | ** | ***** |
| Technologien | ** | ** | **** | **** |
| Geld | ***** | ** | ***** | *** |
| Informationen | *** | ** | **** | **** |

(Die Anzahl Sterne gibt die Wichtigkeit an)

Bei einem Turnaround spielen Zeit, aber vor allem Geld die überragende Rolle. Eine Regel besagt, dass man nur in einen Turnaround gehen soll, wenn man sich mindestens doppelt so viel Zeit- und Geldaufwand leisten kann, als eigentlich geplant ist.

Turnaround-Manager sind mitunter begnadete Selbstdarsteller. Viele sehen sich als «Chirurgen», weil sie nicht daran denken, die entsprechende Unternehmung später auch in der Konsolidierungsphase zu führen.

Chirurgische Amputationen sind spektakulär, aber sie brauchen, entgegen der landläufigen Meinung, weniger Mut als sorgfältige «medikamentöse» Behandlungen. Viele solche Turnarounds mittels «Chirurgie» sind denn auch im Nachhinein nur herbeigeredet. Gelegentlich muss erheblich nachkorrigiert werden, während sich der «Held» schon lange abgesetzt hat.

«Medikamentöses» Vorgehen ist mühsam, vor allem gegenüber den Geldgebern unpopulär, aber langfristig, von wirklichen Notfällen abgesehen, nachhaltiger, weil es die Menschen mehr respektiert.

Eine Firmenverschmelzung (auch «Merger» genannt) kann nur über die Herzen der Mitarbeiter erfolgreich werden. Es ist durch viele Untersuchungen erhärtet, dass mehr als die Hälfte davon in Tat und Wahrheit Unternehmenswerte vernichtet haben.

Die Gründe sind vielfältig, genannt werden hauptsächlich das Fehlen einer Strategie für den Zeitpunkt des Mergers, Kommunikationsmängel, das Fehlen eines proaktiven, vorausschauenden Risikomanagements oder von klaren Führungsstrukturen (in diesem Zusammenhang besser «Hackordnung» genannt). Offenbar gilt vielfach die Regel: Fusionieren wir mal schön, eine Begründung wird sich später schon finden ...

Merger finden zu Beginn meist die begeisterte Zustimmung der Aktionäre, dabei müssten gerade diese aufmerksam bleiben, ist es doch ihr Geld, das vernichtet zu werden droht (siehe oben).

Die Zusammenführung von Starrag und Heckert hat uns folgende zusätzlichen Erfahrungen gebracht was Mergers betrifft:

- Es braucht genügend Zeit und Geld.
- Die Strategie muss gemeinsam entwickelt werden.
- Der Kommunikationsaufwand kann nicht groß genug sein.
- Es muss von allen Beteiligten hohe interkulturelle Kompetenz eingebracht werden.
- Das Machtzentrum kann nur an einem Ort sein.
- Trotzdem: Die Macht muss möglichst gleichmäßig verteilt werden.
- Es darf keine Sieger und Besiegten geben.

Wieviel Wachstum erträgt eine Unternehmung? Der limitierende Faktor ist in der Regel die Finanzierung. Ausgehend von den finanziellen Kennwerten kann man ausrechnen, wie viel Wachstum man sich leisten kann, ohne die Unternehmung zu gefährden. Man nennt dies den «Affordable Growth». Dieser Wert dürfte im Maschinenbau, aber auch in den meisten anderen Wirtschaftszweigen, langfristig kaum über 15 Prozent liegen. Aber selbst wenn das Wachstum vernünftig erfolgt, müssen die Strukturen dauernd nachgeführt werden. Eine lebendige Firma muss ständig geführt in Bewegung bleiben.

Strategieänderungen wiederum erfordern nicht nur eine sorgfältige Vorbereitung (Kap. 3.5, Seite 36 ff.), sondern große Aufmerksamkeit des Managements während der Umsetzung. Wie schon gezeigt wurde, können solche Vorgänge nicht beliebig schnell und oft erfolgen. Begrenzende Faktoren sind hier die Kapazität der Führungskräfte und die Folgefähigkeit der Mitarbeiter gleichermaßen.

## 19.3 Innere und äußere Krisen

Innere Krisen, hausgemachte also, schleichen sich auf leisen Sohlen heran. Mit einem Praxisbeispiel, das einer bekannten Hochtechnologiefirma beinahe das Genick gebrochen hätte, soll nachgezeichnet werden, wie sich diese Symptome aufbauen können; folgende Liste darf durchaus als Chronologie gelesen werden:

**Krisensymptome**

- Starkes Wachstum
- Gewinne
- Tempo kontra Gründlichkeit
- Zu dünne Managementdecke
- Absorbierung des Managements auf Nebenkriegsschauplätzen
- Stagnation
- Kommunikation widersprüchlich

- Verwaltungsrat ist schlecht informiert
- Kompetenzprobleme zwischen Verwaltungsrat und CEO
- Verluste
- Schlüsselmitarbeiter sitzen auf «gepackten Koffern»
- Börsenkurs bricht ein
- Liquiditätsprobleme
- Die Führung verfällt in Hektik

Keine Firmenkrise gleicht der anderen, obwohl sich immer wieder dieselben Fehler wiederholen: Kommunikationsprobleme, Hektik, Kompetenzprobleme etc.

**Weltwirtschaft in Resonanz**

Ingenieure versuchen, Krisen analog zu physikalischen Schwingungssystemen, die in Resonanz geraten sind, zu verstehen. Im täglichen Leben, auch in der Wirtschaft, schwingen sozusagen alle wichtigen Parameter. Für gewisse Industrien ist dies ausgeprägt der Fall, man spricht dann von einem «Schweinezyklus», beispielsweise vom Werkzeugmaschinenzyklus, vom Halbleiterzyklus etc. Solange sich die wichtigsten Amplituden (Schwingungsausschläge) zeitlich günstig, verschoben auswirken, gleichen sich die Auswirkungen angenehm aus (siehe Seite 151).

Verändern sich hingegen die Schwingungsdauern im Laufe der Zeit, so schieben sich die Wellen immer mehr ineinander. Wenn sie im Gleichtakt schwingen, wachsen die resultierenden Amplituden oder Kräfte über alle Maße, das System ist in Resonanz. Resonanzzustände müssen schnell

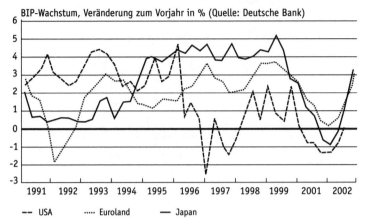

überwunden werden, sonst nehmen die schwingenden Systeme Schäden oder werden gar zerstört. Maschinenbauer wissen, was dagegen zu tun ist.

Zum Zeitpunkt der Niederschrift dieses Buches sind wichtige Wirtschaftsfaktoren in diesem Sinne außer Rand und Band. Ein Chaos ohnegleichen herrscht in der Weltwirtschaft und strahlt in viele Unternehmen aus. Es ist nicht ersichtlich, wie diese Situation überwunden werden soll.

In diesem Sinne ist Krisenmanagement Chaosmanagement. Auf jedes Chaos folgt früher oder später eine neue Ordnung. Deshalb, liebe Krisenmanager: Ruhe bewahren, keine kalten Füsse bekommen, Stiere bei den Hörnern packen und durch! Mehr Ratschläge gibt es nicht, außer dem Hinweis in Kap. 4.2 (Seite 44ff.), wonach sich in Chaoszeiten die Planungshorizonte stark reduzieren. Die

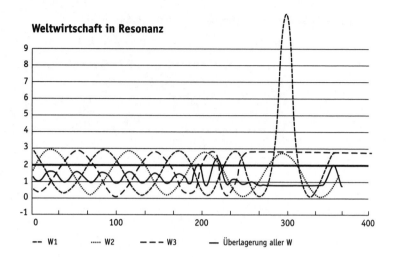

strategische Stufe denkt höchstens noch in Monaten, die operative in Wochen und die taktische höchstens noch in Tagen. Niemand will schließlich «in Schönheit sterben».

## 20. Jetzt reicht's, Freunde!

Und zwar in mehrfacher Hinsicht. Ich möchte nicht in erster Linie als Schriftsteller in die Geschichte eingehen, obwohl es jetzt fast so aussieht. Ich hatte über Jahre die Möglichkeit, durch das Abfassen der «Briefe an die Führungskräfte» über verschiedenste Führungsprobleme nachzudenken. Diese «Briefe» bildeten auch die Grundlage für dieses Buch.

Aber wie schon zu Beginn dargelegt, sind sie Resümees einer gelebten praktischen unternehmerischen und militärischen Erfahrung, in der ich viele verblüffende parallele Erkenntnisse sammeln durfte.

Bei der Verknüpfung von Mangementpraxis und militärisch inspirierter Aufgabenstellung gibt es natürlich vieles zu beachten – und jede dieser Positionen hat ihre Berechtigung. Trotzdem sollen zum Schluss drei wesentliche Elemente erfolgreichen Managements besonders hervorgehoben werden, denn sie verdichten wie eine Essenz die vielen praktischen Ratschläge und Anforderungen:
- Entscheide schnell! Verschieben Sie nichts, nur weil Sie sich vor einer Entscheidung drücken wollen. Auch wenn dem schwedischen ehemaligen ABB-Manager Percy Barnevik inzwischen aus berechtigten Gründen einige Skepsis entgegengebracht wird, ist sein grund-

sätzliches Urteil richtig: Lieber sich bei zehn Entscheidungen dreimal irren, als gar nicht entscheiden. Diese Einschätzung wird durch Praktiker bestätigt, wobei die auf Seite 120 ff. genannten Einschränkungen zu berücksichtigen sind.

- Kämpfe um die Einhaltung der 48-Stunden-Regel! Nichts ist lähmender wie ein schleppendes Antwortverhalten (siehe Seite 91 ff.). Es ist ein ewiggleiches Trägheitsmoment, das jeden Eifer und jede Mobilisierung auf ein gemeinsames Ziel sabotiert, jede Initiative tötet und den Kunden schreckt!
- Kommuniziere richtig! Frage nach! Ob mit Mitarbeitern oder im Gespräch mit ausländischen und fremdsprachigen Geschäftspartnern – achten Sie unbedingt darauf, dass Sie richtig verstanden werden! Und umgekehrt: Wenn Sie etwas nicht verstehen, fragen Sie nach! Das Problem des Verständnisses (siehe Seite 105 ff.) besteht ja nicht nur zwischen Menschen verschiedener Muttersprache, sondern manchmal schon im eigenen Unternehmen. Für den ersten der beiden genannten Fälle sind Sie aufgefordert, Ihre Anweisungen und Ihr Kommunikationsverhalten klar, eindeutig und zielorientiert auszurichten, damit Ihr Gegenüber wirklich nicht nur die Hälfte versteht. Für den zweiten Fall gilt: Auch für mangelndes eigenes Verständnis gibt es eine Holschuld. Es ist weder für einen CEO noch für einen Lageristen eine Schande nachzufragen.

# 21. Anhang

## Zwei ungleiche Brüder

Ein Industrieunternehmen lebt nicht von seiner Geschichte, aber: wer seine Geschichte nicht kennt, hat auch keine Zukunft! Wenn eine Firma nicht gerade ein Gründerunternehmen ist, das durch den Gründergeist getragen wird, hängen die Motivation der Mitarbeiter, die Corporate Identity und die Unternehmenskultur zum großen Teil von gelebter eigener Geschichte ab. Ich erinnere mich an den ehemaligen Chef einer einst berühmten schweizerischen Maschinenfabrik. Er kam als Turnaround-Manager von außen. Aber auch nach zwei Jahren hatte er immer noch keinen Erfolg, er war aber auch von der Belegschaft noch nicht akzeptiert. Es gelang ihm nicht, den «Stallgeruch» der Firma anzunehmen, und so entschloss er sich, die Erinnerungen an die Vergangenheit – eben an den Stall – zu blockieren, indem er die Konservierung von historischen Produkten dieser Firma verbot. Die Unternehmung gibt es heute in ihrer damaligen Form nicht mehr. Mitarbeiter benötigen gemeinsame Erinnerungen an Firmenereignisse, selbst wenn sie vor ihrer eigenen Zeit passierten.

Bei StarragHeckert tun wir viel dafür, die Geschichte, welche während der längsten Zeit auf zwei Wegen getrennt verlaufen war, zu einem gemeinsamen Bewusstsein werden zu lassen, indem wir der jeweils anderen Belegschaft das erklären, was nicht in ihrem Stall passierte. Wir haben die Geschichten ineinander geschrieben, wie wenn sie immer schon zusammengehört hätten, als Beitrag zur Schaffung einer gemeinsamen Identität.

Und so begann es:
1885   Im deutschen Bundesland Sachsen wird das «Chemnitzer Velociped-Depôt Winklhofer & Jaenicke», die späteren «Wanderer Werke AG», gegründet.
1897   In Rorschacherberg (CH) entsteht eine Einzelfirma zur Fabrikation von Fädelmaschinen für die Textilindustrie, ab 1901 «Mechanische Werkstatt Henri Levy» genannt.

Bis zum Zweiten Weltkrieg baute Wanderer Werkzeugmaschinen, Schreib- und Addiermaschinen, aber auch Motorräder und Automobile. Letztere wurden 1932 in die damalige Auto Union AG ausgegliedert. Wanderer lebt also auch heute noch in den Fahrzeugen von Audi weiter. Aber: Der direkte Nachfahre von Wanderer ist die heutige StarragHeckert GmbH, so genannt nach mehreren Umfirmierungen. Die «Starrägler» in der Schweiz sind stolz, wenigstens ihren ursprünglichen Namen als Teil dieser neuen Bezeichnung beigetragen zu haben.

Zur Zeit des Zweiten Weltkrieges waren die Wanderer-Werke der größte Fräs- und der größte Büromaschinenhersteller Europas mit vielen Tausend Mitarbeitern. Und Starrag? Starrag wurde zu einem hoch spezialisierten

Kopierfräsmaschinen-Hersteller, zählte aber nur einige hundert Mitarbeiter. Warum wurde, ausgehend von fast gleichen Voraussetzungen, aus Wanderer ein Großkonzern und aus Starrag ein so genannter «Nischenanbieter»? War es der Gegensatz zwischen der großen Weite des damaligen deutschen Wirtschaftsraumes und der Kleinheit der Schweiz? Waren es die unterschiedlichen Unternehmerpersönlichkeiten, Winklhofer und Levy? Wohl eher! Der Verfasser hätte den Pionier Winklhofer, welcher 1925 seiner Firma so fortschrittliche Wertvorstellungen vermachte, gerne kennen gelernt und mit ihm ein Gespräch geführt. In beiden Häusern wurde schon vor dem Zweiten Weltkrieg hochwertiger Maschinenbau gepflegt, und es muss schon damals ein reger unternehmerischer Austausch zwischen schweizerischen und Chemnitzer-Unternehmen gegeben haben.

Den Zweiten Weltkrieg überlebten beide Firmen nur mit Aufträgen aus der Kriegswirtschaft. 1944 wurden die Wanderer-Werke durch einen Bombenangriff total zerstört, Starrag lebte weiter. 1949 beschäftigten die Wanderer-Werke 253, Starrag ca. 700 Personen.

Wieder war ein Kreuzungspunkt erreicht, wieder gingen die Wege auseinander. Starrag musste sich in der freien Marktwirtschaft behaupten, was zwar zunächst nicht besonders schwierig war, war man doch weiterhin sehr innovativ und die Chancen buchstäblich grenzenlos, denn die Grenzen waren offen. Starrag wurde zu einem weltweit operierenden Unternehmen.

Ein anderes Starrag-Phänomen: Während den ersten 69 Jahren der Unternehmensgeschichte hatte Starrag nur zwei Firmenchefs. Während den ersten 50 Jahren führte der Firmengründer Levy das Unternehmen, nachher noch während weiteren 19 Jahren sein ehemaliger Lehrling Schaufelberger. Beide waren keine Ingenieure. Nach 107 Jahren Starrag-Geschichte ist der Verfasser erst der fünfte Mann an der Spitze. Kontinuität kontra Veränderungen?

Nach Winklhofer hatten die «Wanderer-Werke AG», später «VEB Werkzeugmaschinenkombinat Fritz Heckert», später «Heckert Chemnitzer Werkzeugmaschinen GmbH», später «Heckert Werkzeugmaschinen GmbH», heute «StarragHeckert GmbH» unzählige Chefs, Vorstandsvorsitzende, Generaldirektoren und Geschäftsführer.

Aufregend war die Nachkriegszeit für beide Unternehmen, nur auf verschiedene Weise. Starrag, wie erwähnt, behauptete sich durch Beharrlichkeit und weltweit. Fehlende interkulturelle Kompetenz kann ihr nicht nachgesagt werden. Heckert erlebte erneut einen pionierhaften Wiederaufbau nach dem Krieg, aus der Asche sozusagen, aber von der westlichen Welt abgeschirmt. Sie wuchs wiederum sehr rasch, diesmal jedoch nicht dank unternehmerischer Leistungen, sondern weil die Regierung der ehemaligen DDR den Werkzeugmaschinenbau zur strategischen Industrie erklärt hatte. Davon profitiert StarragHeckert noch heute.

Und nun sind sie also zusammen, die beiden: Ungleiche Brüder, trotz allem noch, aber immerhin schon seit mehr als sechs Jahren zusammen. Zusammen – mit gleichen Wertvorstellungen, gleicher Strategie und, dank diesem Buch, mit gleicher Führungsphilosophie. Heckert lernte, sich in der großen weiten Welt zu bewegen, Starrag lernte andere Abnehmerindustrien kennen, zusammen unter demselben Firmennamen. Ob die beiden Stämme in zehn Jahren immer noch ungleiche Brüder sind? Vielleicht, aber sicher mit vielen Gemeinschaftserlebnissen.

**Chronik**

1885 Die Mechaniker J. B. Winklhofer und R. A. Jaenicke gründen in Sachsen das «Chemnitzer Velociped-Depôt Winklhofer & Jaenicke». Sie reparieren Fahrräder und produzieren eigene unter der Marke «Wanderer».

1895 Beim zehnjährigen Firmenjubiläum betrug die Belegschaft bereits 255 Arbeiter. Man hatte seit Bestehen der Firma insgesamt 10 000 Fahrräder hergestellt.

1896 Umbenennung in «Wanderer Werke AG». Gründung einer Betriebskrankenkasse.

1897 Henri Levy gründete in Rorschacherberg (CH) eine Einzelfirma zur Fabrikation von Fädelmaschinen für die Textilindustrie.
R. A. Jaenicke zieht sich aus den Wanderer-Werken zurück. Winklhofer wird alleiniger Vorstand.

1899 Wanderer beginnt mit der Serienproduktion von Fräsmaschinen.

1901  Neuer Firmenname in Rorschacherberg: «Mechanische Werkstätte Henri Levy».

1902  Bau des ersten 1,5-PS-Wanderer Motorrades.
Levy gründet eine eigene Kranken- und Unterstützungskasse für seine nunmehr 25 Mitarbeiter.

1904  Lieferung der ersten Schreibmaschine «Continental» durch Wanderer.

1911  Fertigstellung des ersten Kleinkraftwagens «Wanderer-Püppchen» (Zweisitzer, Vierzylinder-Motor mit 1,15 Liter Inhalt und 12 PS Bremsleistung).

1914  Mit dem Ausbruch des Ersten Weltkrieges muss Wanderer auf Kriegswirtschaft umstellen. Die Mitarbeiterzahl beträgt über 3000.
In der Ostschweiz bricht eine schwere Textilkrise aus.

1916  Erste zehnstellige Continental-Addiermaschine.

1917  Levy baut Revolver- und Paralleldrehbänke.

1920  Bau der ersten Starrfräsmaschine mit geschlossenem Rahmen.

1921  Umbenennung in «Starrfräsmaschinen AG Henri Levy». Es wurden 66 Mitarbeiter beschäftigt.

1925 Zum 40. Firmenjubiläum gibt J. B. Winklhofer, nunmehr Vorsitzender des Aufsichtsrates, seinen Mitarbeitern «Die zehn Gebote für Vorwärtsstrebende» (Seite 74f.), letztlich hochmoderne Wertvorstellungen, mit auf den Weg.
Neuer Name in Rorschacherberg: «Starrfräsmaschinen AG».

1932 Übergang der Kraftwagen-Abteilung von Wanderer an die Auto Union AG (heute Audi) inklusive der Markenrechte für Kraftwagen.

1934 Wanderer ist die größte Fräsmaschinen- und zugleich größte Büromaschinenfabrik Europas. Die Belegschaft beträgt ca. 5000 Mitarbeiter.

1936 Vorstellung der ersten STARRAG-Kopierfräsmaschine. Die Kopierfrästechnik eröffnet der Starrag die zunehmend bedeutungsvolleren Geschäftsfelder der Turbinen-Strömungsteile, der Flugzeugstrukturteile und des Werkzeug- und Formenbaues und begründet bis auf weiteres seine technologische Führung in diesen. Das Patent für eine entsprechende Kopier-Drehmaschine geht an die Firma Georg Fischer in Schaffhausen (CH).

1941 Bei der Starrag arbeiten nun 480 Mitarbeiter.

1944 Zwischen 1936 und 1945 stellt Wanderer hauptsächlich Fräs- und Fertigungsstrassen für die Wehrtechnik her. Während des Zweiten Weltkrieges wurden in Chemnitz stets ca. 9000 Mitarbeiter beschäftigt. Am 11. September 1944 wurden die Werksanlagen durch einen Luftangriff fast vollständig zerstört.

1945 Bis zum Kriegsende arbeitet auch Starrag vorwiegend für die Rüstungsindustrie.

1946 Die Wanderer-Werke stellen 38 Fräsmaschinen unter improvisierten Bedingungen her.

1947 Tod von Henri Levy. Er hat die Starrag 50 Jahre lang aufgebaut und geführt. Jean Schaufelberger übernimmt die Gesamtleitung.

1949 Wanderer beschäftigt wieder 253 Personen.

1951 Starrag beschäftigt 734 Personen.
Die Wanderer-Werke werden umbenannt in «VEB Fritz-Heckert-Werk (FHW)». VEB stand für «volkseigener Betrieb», Fritz Heckert kam 1936 als Exilkommunist in Russland unter ungeklärten Umständen ums Leben, hatte mit den Wanderer-Werken jedoch nie etwas zu tun.

1959 Starrag baut die erste Fünfachsfräsmaschine der Welt!

1962 Starrag rüstet die erste Kopierfräsmaschine mit einer NC-Magnetbandsteuerung aus. Starrag beschäftigt 1200 Personen.

1966 Rücktritt von Jean Schaufelberger. Mit ihm hatte Starrag während 69 Jahren nur zwei CEO!
Bau der ersten NC-gesteuerten Fräsmaschine in Chemnitz.

1968 Gründung des VEB Werkzeugmaschinenkombinats «Fritz Heckert» in Chemnitz, eine Zusammenfassung von 21 verschiedenen Werkzeugmaschinenfabriken mit über 20 000 Mitarbeitern. Die ehemaligen Wanderer-Werke bildeten dabei den so genannten «Stammbetrieb».

1973 Lieferung der ersten fünfachsigen/dreispindligen Kopierfräsmaschine für die Schwerzerspanung von Titan-Kompressorrädern.

1975 In Chemnitz wird das erste FMS (Flexibles Fertigungssystem), die «Prisma 2», in Betrieb genommen. Es ist ein, am Weltstandard gemessen, führendes System.

1978 Gründung der amerikanischen Tochtergesellschaft «Rigid Machine Tool Inc.» in Rye, N.Y. In Großbritannien und Frankreich bestehen bereits eigene Verkaufsbüros.

1984 Erste fünfspindlige Schaufelfräsmaschine NX-155 erscheint. Belegschaft in Rorschacherberg noch 598 Personen.

1986 Mit Walter Fust erhält Starrag seit langem wieder einen Großaktionär (25 Prozent).

1989 Erste Hochgeschwindigkeitsfräsversuche mit Drehzahlen bis zu 80 000 U/Min.
Heckert ist die größte Werkzeugmaschinenfabrik im Ostblock mit 4300 Mitarbeitern.

1990 Erste öffentliche Vorstellung des Präzisionsbearbeitungszentrums ZT 800 von Starrag. Belegschaft 500 Personen.
Gründung der «Heckert Chemnitzer Werkzeugmaschinen GmbH» unter der Federführung der Treuhand-Anstalt Berlin. Einleitung tief greifender Strukturmaßnahmen.

1992 In Chemnitz werden die Bearbeitungszentren der Baureihen CWK 400 bis CWK 1600 definiert und gebaut. Sie nehmen bald eine Führungsrolle ein in den Segmenten Automobilbau, Landmaschinenbau und allgemeiner Produktionstechnik.

1993 Übernahme der Heckert durch die Traub AG.

1996 Konkurs der Heckert infolge Konkurses der Muttergesellschaft Traub AG. Sie beschäftigt zu diesem Zeitpunkt noch 680 Mitarbeiter.
Walter Fust wird Mehrheitsanteilseigner.

1997 Vorstellung des Bearbeitungszentrums ZS 500 durch Starrag.
Neugründung der «Heckert Werkzeugmaschinen GmbH».

1998 Die Aktien der Starrfräsmaschinen AG werden am Nebensegment der Zürcher Börse notiert.
Gründung von Verkaufsbüros in Moskau und Shanghai.
Übernahme der Heckert Werkzeugmaschinen GmbH, Chemnitz, (198 Mitarbeiter) durch die Starrfräsmaschinen AG, Rorschacherberg.
Definition der gemeinsamen Wertvorstellungen als Führungsmittel.
Umbenennung der Starrfräsmaschinen AG in «STARRAG». Die weltweit verwendeten Bezeichnungen «La Rigide» und «Rigid» werden einheitlich durch «STARRAG» ersetzt.
Die neue Gruppe zählt Ende 1998 625 Mitarbeiter.

1999 Vorstellung des hochdynamischen Arbeitszentrums Heckert CWK 630 D.
Beginn der gemeinsamen Entwicklungsarbeiten an der Plattformstrategie.

2000 Vorstellung des Stabkinematik-Tripoden SKM 400. Umwandlung in eine Starrag-Heckert-Gruppe unter dem Dach der Starrag-Heckert Holding AG, Rorschacherberg.
Die erste Plattformmaschine, die SX 051, erscheint.

2001 Als Ersatz für die ZT-Baureihe resp. die schwere CWK-Baureihe wird die zweite Plattformmaschinengeneration STC 1000 resp. HEC 1000 in den Markt eingeführt.

2002 Die Gruppengesellschaften firmieren nun als StarragHeckert AG (in Rorschacherberg) resp. Starrag-Heckert GmbH (in Chemnitz). Alle Produkte werden unter der Marke «StarragHeckert» vertrieben. Damit bekommt der erfolgreiche Abschluss des Mergers auch nach außen ein Zeichen. Die Gruppe beschäftigt 700 Mitarbeiter.

2003 Mit der indischen Firma, Bharat Fritz Werner wird ein Joint Venture abgeschlossen. Gemeinsam wird die erste indische Fünfachsfräsmaschine gebaut, welche alle Kriterien erfüllt, um als StarragHeckert-Produkt weltweit vertrieben zu werden.

StarragHeckert ist eine weltweit tätige Werkzeugmaschinengruppe mit Holdingsitz in Rorschacherberg (Schweiz) und Produktionsstandorten in Rorschacherberg und Chemnitz (Sachsen, Deutschland) sowie Vertriebstochtergesellschaften und -stützpunkten in allen wichtigen Absatzgebieten. Sie stellt Fräsbearbeitungszentren und flexible Fertigungssysteme für die Luft- und Raumfahrtindustrie, die Fahrzeug- und andere Industrien her. Im Rahmen dieser Tätigkeit ist sie Lieferant von Technologiepaketen (Software, Verfahren, Werkzeuge etc.) für ihre Kunden. Die StarragHeckert-Aktien sind an der SWX Swiss Exchange notiert. Das Unternehmen beschäftigte Ende 2002 730 Mitarbeiter, davon 68 Auszubildende.

# Bibliografie

- *Baumer, T.:* Handbuch Interkulturelle Kompetenz. Orell Füssli Verlag AG, Zürich 2002.
- *Catrina, W.:* ABB – Die verratene Vision. Orell Füssli Verlag AG, Zürich 2003.
- *Frei, D.:* Militärische versus privatwirtschaftliche Führung. Allg. Schweiz. Militärzeitschrift 4/2003.
- *Millotat, Ch.:* Das preussisch-deutsche Generalstabssystem. Herausgegeben von A. Stahel. Hochschulverlag AG, Zürich 2000.
- *Müller-Stewens, G./Lechner, Ch.:* Strategisches Management. Schäffer-Poeschel, Stuttgart 2003.
- *Musashi, M.:* Das Buch der fünf Ringe. Eine klassische Anleitung für strategisches Handeln. Econ, München 2003.
- *Porter, M.:* On Competition. The Harvard business review book series 1998.
- *Stahel, A.:* Klassiker der Strategie – eine Bewertung. Hochschulverlag AG, Zürich 2004.
- *Steiger, R.:* Menschenorientierte Führung: Anregungen für zivile und militärische Führungskräfte. Verlag Huber, Frauenfeld 1999.
- *Steiger, R./Zwygart, U.:* Gemeinsam zum Ziel. Anregungen für Führungskräfte einer modernen Armee. Verlag Huber, Frauenfeld 2004.
- *Venzin, M./Carsten, R./Mahnke, V.:* Der Strategieprozess. Campus Verlag, Frankfurt/New York 2003.